Für Herrn Luenser!

Mit Dank für unsere persön=
liche Begegnung, den besten
Wünschen für Ihre weitere
erfolgreiche Arbeit und
herzlichen Grüßen

Ihr

Werner Schuch

Freiburg, den 30.08.2021

Werner Münch

Leben mit christlichen Werten

Ein Gespräch mit Stefan Meetschen

Werner Münch

Leben mit christlichen Werten

Erinnerungen und Ausblick

Ein Gespräch mit Stefan Meetschen

media
maria

Bibliografische Information: Deutsche Nationalbibliothek.
Die Deutsche Nationalbibliothek verzeichnet diese Publikation in der
Deutschen Nationalbibliografie; detaillierte bibliografische Daten sind im
Internet über http://dnb.ddb.de abrufbar.

Coverfoto: Hagen Schnauss
Fotos im Buch: privat
Niederschrift des Gesprächs: Renate Englert

LEBEN MIT CHRISTLICHEN WERTEN
Erinnerungen und Ausblick
Werner Münch
Ein Gespräch mit Stefan Meetschen

© Media Maria Verlag, Illertissen 2018
Alle Rechte vorbehalten
ISBN 978-3-9454018-2-8

www.media-maria.de

*Meiner Frau als kleiner Dank
für ihre große Treue
und vielfältige Unterstützung
in fünfzig Jahren Ehe*

Inhalt

Vorwort 11

1. Kapitel
»Nichts ist selbstverständlich«:
Kindheit und Jugend im katholischen Arbeitermilieu .. 15

2. Kapitel
»Schule der Nation«:
Die Zeit als Soldat bei der Bundeswehr 30

3. Kapitel
»Ich wollte Wissen erwerben«:
Studium und Heirat in Freiburg 42

4. Kapitel:
»Ich habe meine mir geschenkten Talente weiter
auszubauen versucht«:
Wissenschaftliche Laufbahn 54

5. Kapitel
»... aber er ist katholisch«:
Anfang der politischen Laufbahn 66

6. Kapitel
»Es ist für uns alle das Beste«:
Europapolitik 75

7. Kapitel
»Ein Jahr, das manches verändert hat«:
Vom Wahlkämpfer zum Minister der Finanzen und
Ministerpräsidenten von Sachsen-Anhalt 96

8. Kapitel:
»Das war eine Frage des Ehrgefühls«:
Vermeintlicher Skandal und Freispruch erster Klasse .. 129

9. Kapitel
»Man weiß nicht, was den Menschen leitet«:
Berater und Beobachter für die Deutsche Bahn sowie
Tätigkeit in Bulgarien und Aserbaidschan 159

10. Kapitel
»Das Fass zum Überlaufen gebracht«:
CDU-Austritt und Politavantgardist 177

11. Kapitel
»Ein großer Gewinn für die Gläubigen«:
Engagement für die katholische Kirche 195

12. Kapitel
»Ich freue mich über jeden neuen Tag«:
Persönliches zum Ausklang 204

Lebenslauf 220

Die einzige Kraft, mit der sich das Christentum öffentlich zur Geltung zu bringen vermag, ist letztlich die Kraft seiner inneren Wahrheit. Diese Kraft ist aber bis heute so unentbehrlich wie eh und je, weil der Mensch ohne Wahrheit nicht überleben kann.

Joseph Kardinal Ratzinger, »Die Ökologie des Menschen«, Freiburg 2012, S. 90f.

Vorwort

Viele kennen und schätzen ihn als mutigen Verteidiger der christlichen Werte in Gesellschaft und Politik, als klugen Analysten bei Fragen des Glaubens, der Familie und des Lebensschutzes, der – wenn er will und wenn es sein muss – klare Worte und Gesten findet, um seinen Standpunkt deutlich zu machen: Werner Münch, der frühere Ministerpräsident von Sachsen-Anhalt, der im Jahr 2009 nach fast vierzig Jahren Mitgliedschaft aus der CDU austrat, weil die Art und Weise, wie Bundeskanzlerin Angela Merkel mit Papst Benedikt XVI. umsprang, bei ihm »das Fass zum Überlaufen brachte«, wie er es auf den Punkt brachte.

Über seine Herkunft aus einfachen Verhältnissen, seine Kämpfe, Einblicke und Erfolge gibt das vorliegende Buch Auskunft, in dem Münch zusammen mit dem Journalisten Stefan Meetschen auf sein Leben schaut: Die Geburt während des Krieges, die Jahre des Lernens in der Schule, bei der Bundeswehr, auf der Universität, schließlich die Zeit als Wissenschaftler, als Europaabgeordneter, Spitzenpolitiker und als international tätiger Berater bringen uns den Menschen Werner Münch näher.

Der Leser staunt, wie eng Münchs Lebensweg mit den entscheidenden Ereignissen der Bundesrepublik verknüpft ist: Bei der Sturmflut in Hamburg war Münch genauso im Einsatz wie später an der Universität, als es darum ging, bestimmte Professoren vor den Attacken der 68er zu schützen.

In Straßburg gehörte er 1984 zu den ersten Abgeordneten des Europäischen Parlaments (an der Entwicklung des »Erasmus«-Programms war er maßgeblich beteiligt), auch bei der Wiedervereinigung scheute Münch sich nicht, Neues zu wagen, herausfordernde Projekte anzupacken, vor Ort in den neuen Ländern. War und ist Werner Münch also ein Pionier, der die jüngere Geschichte der Bundesrepublik widerspiegelt? Jemand, der stets eng am Puls der Zeit war, ohne mit dem Zeitgeist zu paktieren? Den Eindruck kann man bei der anregenden Lektüre gewinnen. Zumal er mit seinem Austritt aus der CDU inzwischen auch so etwas wie ein »Politavantgardist« geworden zu sein scheint, wie es im Buch anklingt.

Schön und wichtig als Zeugnis für die Kraft des Glaubens sind gerade die Passagen, in denen Werner Münch von seiner Familie spricht – vom Erfolgsgeheimnis seiner Ehe, den Kindern und Enkeln, die sein Leben bereichern. So wie der Glaube seinem Leben ein tragfähiges Fundament gibt, das auch in schwierigen Momenten hält und trägt, sind es vor allem »Grundsätze«, die man nicht aufgeben dürfe, weil sonst nicht mehr viel übrig bleibe vom eigenen Standpunkt. Gerade heute, da vieles relativiert wird und sich die Beliebigkeit nicht nur in der Politik, sondern auch in kirchlichen Kreisen rasant auszubreiten scheint, bietet das Buch von Werner Münch und Stefan Meetschen ein überzeugendes Beispiel, dass es auch anders geht. »Leben mit christlichen Werten« ist möglich und empfehlenswert. Überzeugungen, auch das zeigt das Buch, haben allerdings ihren Preis.

Werner Münch, der als Redner und Schirmherr beim Kongress »Freude am Glauben« seit Jahren wertvolle Akzente im deutschsprachigen Laienkatholizismus setzt, sei für diesen persönlichen Einblick in die ethisch-religiöse DNA seines Lebens besonders gedankt, ebenso Stefan Meetschen für die treffenden Fragen. So bietet »Leben mit christlichen Werten« den Lesern nicht nur viele interessante Erinnerungen einer katholischen Persönlichkeit, sondern auch einen fundierten Ausblick auf die Zukunft.

Karin Maria Fenbert
Geschäftsführerin von KIRCHE IN NOT

1. Kapitel

»Nichts ist selbstverständlich«: Kindheit und Jugend im katholischen Arbeitermilieu

Herr Professor Münch, Sie sind ein Kind des Ruhrgebietes. In Bottrop-Kirchhellen kamen Sie am 25. September 1940 zur Welt. Was verbinden Sie mit Ihrer Heimatstadt? Was für Erinnerungen haben Sie?

In Kirchhellen (heute Bottrop) bin ich praktisch nur geboren und getauft worden, bereits vier Tage nach der Geburt, also sehr schnell, wie es damals üblich war. Wir haben dann eine Zeit lang in Oberhausen-Osterfeld gewohnt, das auch im Ruhrgebiet liegt. Manchmal waren wir in Kirchhellen zu Besuch, weil meine Mutter und ihre Eltern von dort stammen. Meine Eltern sind im April 1938 in Kirchhellen getraut worden. Ich verbinde mit meiner Kindheit und diesem Ort Kirchhellen eigentlich zweierlei. Erstens: Landwirtschaft und Menschen, die auf dem Hof Hühner haben und einen Garten mit Obst, in dem man als Kind Stachelbeeren, Heidelbeeren, Johannisbeeren oder Himbeeren pflücken durfte. Zweitens erinnere ich mich besonders gut und gerne an meine Großmutter. Sie war eine sehr gläubige, sehr bescheidene Frau, die von ihrem ältesten Sohn nicht sonderlich gut behandelt wurde. Sie saß abends in ihrer Wohnung, eine Decke um ihre Beine geschlagen, und hielt – um Licht und Kohlen zu sparen – ihre Füße und Unterschenkel in den Backofen. Dazu betete sie den Rosenkranz. Von dieser Großmutter habe ich ein Buch geschenkt bekommen, das ihr das liebste war. Titel: »Das Heilige Messopfer«. Das Buch ist von 1904. Sie hat es mir geschenkt, weil sie dachte, der Junge wird vielleicht einmal Priester. Es gab eine Zeit, da habe ich das tatsächlich ernsthaft geprüft, vor allem in dem einen Jahr meiner Schullaufbahn in einem Kloster der Oblatenpatres in Burlo, Kreis Borken, aber es kam dann doch anders. Das Buch meiner Großmutter ist mir aber bis heute sehr wichtig und hat einen bevorzugten Platz in meiner Bibliothek.

Warum wurde Ihre Großmutter nicht gut behandelt?

Ihr Mann war früh gestorben. Ich habe meinen Großvater nicht kennengelernt. Es waren sechs Kinder im Haus, die versorgt werden mussten. Da lag es nahe, dass die Großmutter dem ältesten Sohn auftrug, die Verantwortung für die Ernährung der Familie zu übernehmen. Dieser Sohn, mein Onkel, hat dann beim Straßenbau eine Stelle angenommen. Das war eine schwere Arbeit, sicherlich. Er hat dann aber meine Großmutter seine Unzufriedenheit sehr deutlich spüren lassen, obwohl sie selbst über diese Situation unglücklich war.

Hatten Sie Mitleid mit ihr?

Ja. Dabei habe ich zum ersten Mal erlebt, wie das ist in einer Familie, wenn eine Person für etwas leiden muss, wofür sie gar nichts kann. Ich war jedes Mal glücklich, wenn meine Mutter mit mir allein oder mit meinen Geschwistern, meinem älteren Bruder und meiner jüngeren Schwester, zu dieser Großmutter fuhr.

Den Angaben der Konrad-Adenauer-Stiftung nach (»Geschichte der CDU«) entstammen Sie »einer katholischen Arbeiterfamilie«. Ihr Vater arbeitete in einem Walzwerk der Salzgitter AG. Das klingt würdig und erdig. Erzählen Sie doch mal ein bisschen von Ihren Eltern und diesem Milieu Ihrer Herkunft, das für viele Spitzenpolitiker von heute vermutlich weit entfernt liegt.

Es ist die Frage, ob man meine Familie nach heutigen Kriterien und Definitionen noch als Arbeiterfamilie bezeichnen kann. Mein Vater hat im Jahr 1934, da war er einundzwanzig Jahre alt, in Kirchhellen ein kleines Friseurgeschäft gehabt. Er war also eigentlich, wenn Sie so wollen, Kleinunternehmer. Dieses Geschäft gab er 1936 auf, weil er nach Euskirchen in ein Wehrertüchtigungslager kam.

Wieso das?

Ich weiß nicht, warum. Ich habe später häufiger versucht, das von ihm zu erfahren. Er hat im Grunde die ganze Zeit von 1933 bis 1948, als er aus der französischen Kriegsgefangenschaft zurückkam, ausgeblendet, jedenfalls anderen nichts darüber mitgeteilt, auch nicht seinen Kindern. Was ich aber weiß: Er hat in seiner Gefangenschaft insgesamt Riesenglück gehabt, weil er zwei Fähigkeiten hatte: Er war Friseur und er konnte sehr gut Klavier spielen. Wenn morgens früh seine Kameraden rausgeschickt wurden, um Minen zu suchen, konnte mein Vater im Lager bleiben. Er hat im Offizierskasino tagsüber den Offizieren die Haare geschnitten und abends Musik gemacht. Insofern haben der Berufs- und der Hobbyzufall mitgespielt, dass er die Gefangenschaft, die natürlich trotzdem eine schwere Last mit späteren Folgen war, insgesamt gut überstanden hatte. Das Wiedereinfinden in die Familie war allerdings mit großen Schwierigkeiten verbunden. Ich weiß noch, als er am 8. Februar 1948 mit zerrissener Kleidung in unsere kleine Wohnung kam, bin ich weinend zu meiner Mutter gelaufen und habe gefragt, was denn dieser fremde Mann bei uns wolle. Ich war damals siebeneinhalb Jahre alt und sah den Vater praktisch bewusst zum ersten Mal.

Wieso hat Ihr Vater nach dem Krieg das Friseurgeschäft nicht wieder aufgemacht?

Er hat es aufgemacht, aber schnell wieder aufgegeben. Es reichte nicht, um die Familie zu ernähren. Er nahm deshalb die Arbeit in einem Walzwerk an.

Wie hat Ihre Mutter den Krieg erlebt? Heirat 1938, danach allein mit drei kleinen Kindern – das war sicher kein Zuckerschlecken ...

Keineswegs. Nach einer Bombennacht 1943 kam meine Mutter aus dem Luftschutzkeller und sah, wie unsere Wohnung abbrannte. Sie hatte nichts mehr außer uns dreien an der Hand. Wir wurden evakuiert. Zuerst nach Niederösterreich, dann 1944 nach Oschersleben, einer Kleinstadt, die zu Sachsen-Anhalt gehört. Im Frühjahr 1945 ging es dann zurück in den Westen: Kirchhellen, Oberhausen-Osterfeld, Salzgitter. Wir wohnten nach dem Krieg zuerst in einer Wohnung in

Oberhausen-Osterfeld ganz dicht an einem Bahndamm, wo öfter ein Güterzug mit Briketts hielt. Meine Mutter holte dann, so wie andere Frauen auch, mit einer Schubkarre Briketts für unseren eigenen Bedarf zum Heizen. Eines Tages kam die Mutter einmal wieder müde und abgearbeitet nach Hause. Sie freute sich auf das eine Stückchen Velveta-Käse, das noch zu Hause lag. Da wir Kinder aber selbst auch Hunger hatten, hatten wir dieses Stück in der Zeit, da sie die Kohlen holte, bereits aufgegessen. Da saß meine Mutter dann da, völlig erschöpft, und weinte, was uns unglaublich leidgetan hat.

Was gab ihr in dieser Zeit des Aufbaus Hoffnung?

Ich weiß, dass ein amerikanischer Soldat sich sehr nett um uns gekümmert hat. Ich kann nicht sagen, ob er möglicherweise auch einen Blick auf unsere Mutter geworfen hatte – vielleicht. Er kam oft zu uns und brachte uns Schokolade und ein bisschen Obst oder andere Kleinigkeiten. Das war für uns Kinder und meine Mutter damals ein großer Reichtum.

Welche Rolle spielte damals die Religion in Ihrer Familie? Für Sie?

Das tägliche Gebet in der Familie war eine Selbstverständlichkeit. Soweit es möglich war aufgrund der regionalen Gegebenheiten auch der Besuch der heiligen Messe am Sonntag. Ansonsten sind natürlich viele Gebete von dem Leid geprägt gewesen, das die Menschen damals drückte. Jeder hat in irgendeiner Weise versucht, einem anderen zu helfen. Für mich zum Beispiel war es wichtig, im Haushalt zu helfen.

Was haben Sie gemacht?

Ich habe Kartoffeln geschält – was ich übrigens heute noch manchmal tue. Darüber hinaus habe ich für die Familie – immerhin fünf Personen, als der Vater wieder da war – die Schuhe geputzt, weil es damals üblich war, mit sauberen Schuhen zur Arbeit und zur Schule zu gehen. Ich habe oft eingekauft, vor allem am Monatsende, wenn kein Geld mehr da war und man, wenn man als Kunde bekannt war, anschreiben lassen konnte, um die Schuld dann am Monatsanfang, wenn der Vater den Lohn nach Hause gebracht hatte, zu begleichen. Ich habe auch beim Hausputz geholfen. Also ich weiß, wie man Matratzen saugt und Teppiche klopft – das habe ich gelernt und intensiv praktiziert. Ganz selbstverständlich. Ich habe mich dabei nicht geknechtet gefühlt (lacht).

Salzgitter, wo Sie nach dem Krieg waren, war von Hitler als atheistische Stadt konzipiert worden. Spürte man diesen Geist noch, als Sie dort waren?

In Salzgitter waren die damals sogenannten Hermann-Göring-Werke, die vor allem stark in der Rüstungsproduktion engagiert waren. Vom religiösen Blickwinkel her war diese Stadt, von Hitler ausersehen als »Stadt ohne Gott«, nach dem Krieg natürlich tiefste Diaspora. Der katholische Bevölkerungsanteil war deutlich in der Minderheit. Wir mussten uns manche Positionen und Anerkennungen erkämpfen. Wir haben beispielsweise systematisch eine katholische Jugendarbeit aufgebaut. Es gab sehr gute Kapläne, die sich ausschließlich diesem Dienst verschrieben hatten. Ich bin früh gefragt worden, aktiv mitzuwirken, zuerst als Jungscharführer, wie es damals hieß. Pfarrjungscharführer in der Pfarrgemeinde, dann eine Ebene höher als Dekanats-Jungscharführer, dann Pfarrjugendführer. Ich war auch in der städtischen Jugendarbeit aktiv, nämlich im Stadtjugendring, in dem ich Mitglied war. Mir hat die Jugendarbeit viel Freude gemacht. Dieses Sich-durchsetzen-Müssen in einer Diaspora hat mich geprägt. Es war der totale Kontrast zu dem, was ich später in einer dominant katholischen Region erlebt habe, wo fast 90 Prozent Katholiken waren, für die viele Glaubensrechte und -traditionen völlig selbstverständlich gewesen sind. Aber durch Salzgitter weiß ich: Nichts ist selbstverständlich.

Das katholische Gemeindeleben von damals lässt sich wohl kaum mit dem von heute vergleichen, oder?

Das stimmt. Das Gemeindeleben, auch das Verhalten der Gemeinde in den Eucharistiefeiern, war anders als heute. Die Andacht in der Liturgie war ganz selbstverständlich, ohne die vielen »Events«, die seit dem Zweiten Vatikanischen Konzil vielfach Einzug gehalten haben. Wir Kinder und Jugendlichen waren damals stolz, wenn wir die Texte auch auf Lateinisch sagen konnten. Jeder Messdiener strahlte, wenn er endlich das *Confiteor* auswendig beherrschte. Viele Jahrzehnte später, wenn man sich traf, haben zahlreiche Messdiener aus dieser Zeit noch stolz berichtet: »Das *Confiteor* kann ich heute noch auf Latein.« Und wir hatten einen hochintelligenten Pfarrer, den »Geistlichen Rat« Schreiber, der am Gymnasium katholischen Religionsunterricht erteilte und zudem, offen für alle Schülerinnen und Schüler, in einer Arbeitsgemeinschaft Philosophie anbot.

War dieser Religionslehrer, der Geistliche Rat, Ihr Vorbild?

Er war ein Vorbild und ein großer Förderer. Er hat mir gezeigt, dass man versuchen sollte, sein Leben nie in Durchschnittlichkeit ablaufen zu lassen, sondern stets ein bisschen mehr zu leisten als das, was auch gereicht hätte. Außerdem war er derjenige, der mir außerhalb des Elternhauses die Bedeutung von Religion und Glaube eindringlich vermittelt hat.

Wie fand Ihr Vater diesen Ansporn, Überdurchschnittliches zu leisten?

Ich war froh, dass mein Vater bald eine feste Anstellung gefunden hatte, zuerst im Ruhrgebiet bei der »Gute-Hoffnungs-Hütte« (GHH). Sie hatte ein großes Walzwerk, das später nach Salzgitter ausgelagert wurde in den Salzgitter-Konzern, der heute noch existiert. Mein Vater arbeitete dort als technischer Angestellter, der viel mit Akademikern zu tun hatte. Da gab es durchaus Missgunst und Unverständnis. Das Wort Akademiker war für ihn immer negativ belastet. Deshalb hat er mein Bemühen, im Bildungsgang weiterzukommen, also mehr als acht Jahre Volksschule zu absolvieren, nicht verstanden oder nur sehr unwillig akzeptiert.

Wie äußerte sich dieses Nichtverstehen?

Ich habe insgesamt fünf Schulen besucht. Ich war vier Jahre in der Grundschule. Dann haben die Lehrer meinen Vater bestürmt, mich aufs Gymnasium zu schicken. Er war dagegen. »Sie versündigen sich an dem Kind«, sagten sie zu ihm. Mein Vater hat das aber für überflüssig gehalten – also bin ich in die Realschule gegangen, ein Jahr lang. Dann gab es die sogenannte Volksmission: Patres, hervorragende Prediger, kamen in unsere Region und gaben uns geistliche Impulse. Das hat mich fasziniert. Aufgrund des Drängens meines Heimatpfarrers bin ich danach auf eine Klosterschule gegangen. Zu den Oblatenpatres OMI *(Oblati Mariae Immaculatae)* in Burlo, Kreis Borken, im Münsterland. Ich wollte Missionar werden.

Das Buch Ihrer Großmutter wirkte.

Vielleicht. Ich weiß es nicht. Aber ich bin gerne und freiwillig diesen neuen Bildungsweg gegangen. Meine Eltern holten mich aber nach einem Jahr gegen meinen Willen wieder aus diesem Kloster zurück, weil ihnen alles zu teuer und zu ungewohnt war. Ich ging dann in Oberhausen, wo wir gewohnt haben, zweieinhalb Jahre zum Gymnasium. Schließlich kam der Wechsel meines Vaters von Oberhausen nach Salzgitter, also besuchte ich das Gymnasium in Salzgitter und machte dort mein Abitur.

Ein hart erkämpfter Bildungsgang.

Ja, das kann man sagen, zumal mein Vater durch bestimmte Bedingungen meine durch den Schulwechsel neu vorgefundenen Probleme noch zusätzlich steigerte. Er wollte trotz der Rückstände, in die ich geraten war, in kurzer Zeit befriedigende Klassenarbeiten sehen. Aufgrund der unterschiedlichen Bildungsinhalte in den verschiedenen Bundesländern hatte ich in Oberhausen große Defizite in Mathematik und in Englisch. Das Aufholen in Mathematik war nur möglich durch

Nachhilfestunden, weil ich mir bestimmte Dinge nicht selbst beibringen konnte. Für Nachhilfestunden war aber kein Geld da, deshalb musste ich selbst das Geld aufbringen. Ich gab Nachhilfeunterricht in Latein an Mitschüler aus derselben Klasse, demselben Jahrgang oder darunter. Ich bekam damals 1,50 DM pro Stunde und war ganz stolz, als ich einmal drei Schüler in einer Stunde hatte und insgesamt 4,50 DM erhielt. Dazu habe ich wöchentlich Kirchenzeitungen ausgetragen, von Haustür zu Haustür, weit über 100, für die ich monatlich kassieren musste. Bei manchen war ich dreimal, viermal, fünfmal an der Haustür, weil die Bezieher nicht da waren, wenn ich kam. Das hat schon Kraft und Zeit gekostet. In den Sommerferien war ich mehrfach auf dem Bau und habe körperlich schwer gearbeitet, was mir aber nicht geschadet hat.

Viel Zeit für Spiele und Hobbys blieb da nicht.

Etwas Zeit blieb schon. Ein Lieblingsspiel war Seilspringen, auch für Jungen, also zwei mit einem Seil und ein Dritter dazwischen – der musste dann jedes Mal im richtigen Moment über das Seil kommen. Dann gab es im Ruhrgebiet das Spiel »Pinneken schlagen«. Das war ein Spiel mit einem Kreisel, den man mit einem Stock schlagen musste wie mit einer Peitsche. Darüber hinaus gab es noch Hüpfen und Ballspiele, die ich von früher Kindheit an geliebt habe. Auch Karl May abends unter der Decke lesen, wenn die Eltern meinten, ich wäre schon eingeschlafen, war in der Zeit eine beliebte Beschäftigung …

Musik?

Habe ich auch immer gern gehabt: Ich habe eine Zeit lang Cello und Klavier gespielt, was ich dann aber beendet habe, weil mein Vater ein sehr strenger Lehrer war und ich vor den Klavierstunden immer Angst hatte. Im Schulchor war ich ebenfalls (erster Tenor). Ein Cellist aus Braunschweig war mein Cello-Lehrer, der mir Privatunterricht in unserer Wohnung gab. Mein Musiklehrer am Gymnasium war ein ungarischer Professor, zusätzlich ein bekannter Dirigent in der Region. Ein fantastischer Lehrer, der gerne Mettbrötchen aß. Ich musste ihm öfter ein solches Brötchen mitbringen oder während der Schulstunde von zu Hause holen. Er mochte mich vielleicht auch deshalb besonders gerne, weil er zwei hübsche Töchter hatte (lacht). Im Abitur habe ich in Musik ein »sehr gut« gehabt. Meine drei Töchter haben später viel Musik zu Hause gespielt: zwei mit allen möglichen Blockflöten und die jüngste mit dem Saxofon. Meine Frau hat die Flötenspielerinnen oft am Klavier oder am Cembalo begleitet. Ich habe dann noch Akkordeonunterricht genommen.

Haben Sie sich damals manchmal allein gefühlt?

Ja, schon etwas, besonders dann, wenn es um schulische Dinge ging. Ich konnte mit meinen Eltern ja nie darüber reden. Ich habe meine Eltern nie nach mathematischen Formeln oder nach lateinischen Grammatikregeln fragen können. Freunde zu haben, war schwierig, weil meine Mutter im Haus sehr penibel und immer besorgt war, dass andere Schmutz ins Haus brachten.

Was heißt das?

Wenn jemand mit schmutzigen Schuhen in die Wohnung kam, war das für sie ein Ärgernis. Ich war aber viel zu stolz, als dass ich das irgendeinem Freund oder Klassenkameraden hätte vorher sagen wollen. Dadurch habe ich wenige Freunde gehabt, jedenfalls aus der Schulklasse. Natürlich schon im Sport und in der Pfarrjugend.

Waren Sie trotzdem beliebt in der Schulklasse oder galten Sie als Streber?

Als Streber oder als übertrieben ehrgeizig galt ich nicht. Leistung war nichts, was negativ diskutiert oder einem Klassenkameraden angehängt wurde. Ich erinnere mich aber daran, dass meine Garderobe aufgrund unserer geringen Finanzen nicht sehr aufwendig und abwechslungsreich war, wofür ich mich manchmal geschämt habe, zumal es anderen Klassenkameraden in dieser Beziehung besser ging.

Viel Zeit für Frauen oder Mädchen hatten Sie nicht, oder?

Nein. Ich habe damals auf das Thema Freundinnen überhaupt keinen Wert gelegt, weil ich mich, wenn man so will, ausgelastet gefühlt habe, neben der Schule und meinen Tätigkeiten zum Geldverdienen war noch der Sport.

Was waren Ihre Lieblingsfächer?

Meine Lieblingsfächer waren Deutsch, Geschichte und Latein. Latein war deshalb mein besonderes Lieblingsfach, weil ich die Logik der lateinischen Grammatik sehr gemocht habe. Diese Klarheit der Kenntnis von Formen – bis auf die Unregelmäßigkeiten von Formen, die es ja in jeder Sprache gibt, besonders bei den unregelmäßigen Verben – war für mich immer bedeutsam. Deshalb habe ich die lateinische Messe auch besonders gemocht. Außerdem verstand ich mich gut mit meiner Lateinlehrerin, die mich immer gefördert hat.

Welchen Berufswunsch hatten Sie damals?

In dem Alter der Obersekunda, also mit sechzehn, siebzehn Jahren, stand für mich fest, dass ich gerne Lehrer werden möchte. Die Fächer, die damals Priorität hatten, waren Latein, Deutsch und Geschichte.

Sie standen damals im Ruf, »die jungen Menschen zu verstehen und diese umsichtig zu führen«.

Ich habe in der Tat immer eine Befriedigung in der Arbeit mit jungen Menschen gesehen, auch wenn diese nicht immer ganz konfliktfrei war, denn ich habe stets Forderungen gestellt und bei bestimmten Prinzipien nie oder fast nie nachgegeben.

1961 – Sie waren zwanzig Jahre alt – dann das Abitur mit Auszeichnung. Wie haben Sie sich gefühlt? Waren Ihre Eltern stolz?

Wir waren beim Abitur noch fünfzehn Schülerinnen und Schüler in meiner Klasse, von denen sechs vom mündlichen Abitur befreit und damit ausgezeichnet wurden. Also eine gute Klasse!
Ich hatte meiner Familie gegenüber darauf gedrungen, diesen gymnasialen Bildungsweg zu gehen, und hatte es geschafft, ihn erfolgreich zu beenden. Hätte ich versagt, so wäre dies für mich selbst eine sehr große Enttäuschung gewesen. Was die Reaktion der Eltern betrifft: Es gibt ja zwei Möglichkeiten. Entweder behalten Eltern ihr Unverständnis über den, wie sie meinen, überflüssigen Bildungsweg bis zum Ende bei, oder sie entwickeln Stolz. Im zweiten Fall gibt es noch einmal die Alternativen, nämlich diesen Stolz auszusprechen oder ihn unausgesprochen zu lassen. Ich habe das Bekennen von Stolz über meinen Weg und das erreichte Ziel bei meinen Eltern nicht erlebt. Vielleicht haben sie unausgesprochen Stolz empfunden, aber sie waren zu gehemmt, es mir zu sagen.

Haben Sie später mit Politikern Ihrer Generation, die auch nicht mit einem goldenen Löffel im Mund zur Welt gekommen sind, über Ihren steilen Bildungsweg sprechen können?

Ich habe wenig mit anderen darüber gesprochen, weil ich auch gar kein Bedürfnis danach hatte, mit anderen darüber zu sprechen. Ich erinnere mich aber noch gut an eine Begegnung mit Altkanzler Gerhard Schröder, der mir gegenüber bei einem Treffen in der Staatskanzlei in Hannover einleitend eine entsprechende Bemerkung gemacht hat. Er war damals

Ministerpräsident von Niedersachsen, ich kurz zuvor Ministerpräsident von Sachsen-Anhalt geworden. Niedersachsen und Sachsen-Anhalt waren Partnerländer. Er hatte eine gute Flasche Rotwein auf den Tisch gestellt und seine Eingangsbemerkung war: »Also, nun sind wir ja Partner von Land zu Land, und ich habe mir Ihren Lebenslauf noch einmal angesehen. Wir haben ja viele Gemeinsamkeiten. Sie kommen ja auch aus ärmeren Verhältnissen, so wie ich. Lassen Sie uns mal auf eine gute Zusammenarbeit und Partnerschaft trinken. Vergessen Sie mal Ihre CDU in Sachsen-Anhalt und ich vergesse meine SPD in Niedersachsen. Sehr zum Wohle« (lacht). Wir haben ein Glas Rotwein getrunken. Die Kabinettsmitglieder saßen eine Etage tiefer und hatten schon angefangen, politische Themen zu erörtern. Wir sind dann nach dieser persönlichen Begegnung zu ihnen gegangen.

2. Kapitel

»Schule der Nation«:
Die Zeit als Soldat bei der Bundeswehr

Zu der Zeit, als Sie fleißig in der Schule und im Gemeindeleben waren, diskutierten die Politiker der jungen Bundesrepublik darüber, ob das Land eine eigene Armee braucht: Die sogenannte »Wiederbewaffnungsdebatte« bewegte die Gemüter. Für Sie war das offensichtlich keine Frage. Sie haben sich direkt nach dem Abitur als Zeitsoldat bei der Bundeswehr verpflichtet. Warum? Was war Ihre Motivation?

Als Mensch des Jahrgangs 1940, der bei Kriegsende noch keine fünf Jahre alt war, war ich natürlich in Kindheit und Jugend geprägt vom Zweiten Weltkrieg und dann von der Phase des Kalten Krieges. Mir war klar, dass die Souveränität Deutschlands von der Frage der Verteidigungsfähigkeit des eigenen Landes abhängig sein würde. Insofern war für mich die Wehrpflicht selbstverständlich. Aber die Tatsache, dass ich gleich als Zeitsoldat in die Bundeswehr eingetreten bin, hatte einen anderen Grund. Mein Berufswunsch war schließlich, Lehrer am Gymnasium zu werden. Mein Vater hatte mir aber gesagt, ein solches Studium dauere zu lange, das könne er nicht bezahlen. Mit Lehrer für Grund- und Hauptschulen sei er einverstanden, aber nicht weitergehend und länger. Da habe ich geantwortet: Vielen Dank, das kann ich gut verstehen, ich verdiene mir mein Studium selbst. Ich wollte nämlich meine Arbeit in Schulen nicht mit 14-Jährigen beenden, sondern junge Menschen gerne länger, also bis zum Abitur begleiten. Statt achtzehn Monaten Wehrpflicht habe ich mich deshalb für drei Jahre als Zeitsoldat verpflichtet. Ich habe vom ersten Tag an Geld verdient, das erheblich über dem Wehrsold lag. Das habe ich zu großen Teilen gespart, um davon mein Studium zu finanzieren.

Aber Sie waren länger als drei Jahre bei der Bundeswehr.

Während dieser drei Jahre hat mich praktisch jeder, von der Kommandeur-Ebene bis zum Zugführer, bedrängt, Berufssoldat zu werden. Irgendwann ließ ich mich breitschlagen. Dann werde ich eben Berufssoldat, sagte ich mir, und verpflichtete mich dann im Januar 1964, also kurz vor Ende meiner dreijährigen Verpflichtungszeit, als Berufssoldat.

Wie haben Sie als gläubiger Katholik den Dienst mit der Waffe ethisch gerechtfertigt?

Man wurde damals als Soldat in der Bundeswehr für einen Bedrohungs- oder Ernstfall ausgebildet, der nie eintreten sollte. Insofern hatte ich keine Probleme mit der ethischen Begründung, weil ich diese Selbstverteidigungsfähigkeit niemals für einen eigenen Angriffskrieg, sondern immer nur in einem Verteidigungsfall für notwendig hielt. Und das war auch immer der Leitgedanke in unserer Ausbildung.

Wie sah das militärische Leben aus? Wo wurden Sie ausgebildet? Wo waren Sie stationiert?

Es gab drei Möglichkeiten, sich ausbilden zu lassen: beim Heer, bei der Luftwaffe oder bei der Marine. Für mich kam von Anfang an nur das Heer infrage. Ich bin eingetreten bei der Panzerbrigade 8 in Lüneburg. Eine Panzerbrigade hat zwei Panzerbataillone, in Lüneburg hießen sie 83 und 84. Ich war beim Panzerbataillon 83. Nach der Grundausbildung in Lüneburg kam ich nach Munster-Lager zum Panzerlehrbataillon 93. Ich überspringe jetzt die militärischen »Schulzeiten« in Munster-Lager und Hamburg, weil ich nach insgesamt zwei Dienstjahren als Leutnant wieder zum Panzerlehrbataillon 93 in Munster-Lager zurückkam. Panzerlehrbataillon hieß: In diesem Bataillon wurden neue Panzermodelle erprobt und häufig Besuchern aus der Politik, dem diplomatischen Korps oder aus dem militärischen Bereich vorgeführt. Ich selbst habe dadurch die Erprobung des Panzers Leopard miterlebt, der erhebliche Verbesserungen gegenüber den amerikanischen Panzern hatte. Die Ausbildung war somit sehr abwechslungsreich; es gab einen Übungsplatz in der Nähe in Wendisch-Evern, dazu Munster-Lager selbst und Bergen-Hohne. Wir hatten immer die Möglichkeit, sehr schnell auf einem Übungsplatz zu sein und militärische Übungen, einschließlich Gefechtsübungen und Scharfschießen, durchzuführen. Bei einem längeren Marsch habe ich wegen der Krankheit meines Kompaniechefs die Kompanie als Zugführer geführt. Diesen Marsch beurteilte der Bataillonskommandeur als so vorbildlich, dass ich dafür eine »förmliche Anerkennung« bekam.

Die Marschübungen haben Sie vermutlich als sportliche Herausforderung gegen die Langeweile angesehen, die man bei der Bundeswehr damals sicher auch erleben konnte.

Wir haben einmal einen Gewaltmarsch von Lüneburg nach Munster gemacht. Das waren fünfzig Kilometer. Anschließend haben wir noch Häuserkampf geübt und sind dann wieder zurückmarschiert. Das war wirklich nicht langweilig. Ich weiß noch, wie wir damals die Socken präparierten, um uns vor schnell aufkommenden Blasen zu schützen. Insofern war die Ausbildung abwechslungsreich – was sie nicht überall war, zum Beispiel an Standorten, in denen es in der Nähe keine Übungsplätze gab. Manche Soldaten haben oft geklagt über Langeweile, ständig in der Kaserne bleiben und dreißig Tage im Monat die Panzer putzen zu müssen. Natürlich habe ich auch langweilige Stunden und Tage erlebt. Hin und wieder haben wir nach dem Sinn dessen gefragt, was wir tun. Aber insgesamt kann ich sagen: Ich war an einem herausgehobenen Standort in einem Verband mit einem besonderen Auftrag und mit vielen Vorteilen. Der Dienst im Lehrbataillon mit der Panzererprobung war spannend und abwechslungsreich.

In den 1960er-Jahren waren die Waffen und Gerätschaften der Bundeswehr ziemlich modern. Heute hört man – gerade auch bei internationalen Einsätzen – öfter von Pleiten, Pech und Pannen. Woran liegt das? Wird an der falschen Stelle gespart?

Es liegt zunächst einmal daran, dass Waffen und Geräte zum Teil wirklich veraltet sind. Durch die berechtigte Philosophie »Keine Macht der Welt kann eine Atomwaffe so erfolgreich einsetzen, dass es nicht einen erfolgreichen Gegenschlag geben kann« hat natürlich die Verteidigungsfähigkeit und -bereitschaft mit nicht atomaren Waffen sehr viel stärker an Bedeutung gewonnen. Die heutigen Politiker der Bundesrepublik sind aber sehr zurückhaltend, wenn es darum geht, Waffenanschaffungen mit hohen Haushaltsmitteln zu tätigen. Ironie der Geschichte: Stattdessen werden die Waffenexporte aus der Bundesrepublik in andere Länder, auch in Kriegs- und Krisengebiete, ständig erhöht. Da liegen wir an der Weltspitze, was ich für inakzeptabel halte. Die Rüstungsbeschaffung ist in der Bundeswehr seit Langem ein Problem.

Amerika wirft den Deutschen gern vor, dass sie sich im Rahmen der NATO finanziell zu wenig einbringen. Haben Sie Verständnis für solche Stimmen? Drücken wir uns vor unserer Verantwortung?

Wenn es auf der Welt mehr Brennpunkte gibt, als es sie früher gegeben hat, und wenn damit die Zahl der notwendigen Einsätze von Militär größer geworden ist, dann muss auch die Notwendigkeit der Beteiligung neu diskutiert werden – ob nun militärisch, rein finanziell oder in einem Mischsystem, wie auch immer. Ich kann natürlich leicht sagen, Deutschland wird auch am Hindukusch verteidigt, aber dann kann ich in der Implementierung dieser Einschätzung nicht nur auf die USA verweisen und sagen, dass dies eine Angelegenheit der Amerikaner sei. Wir haben ja in vielen Ländern der Welt deutsche Soldaten. Und es gibt eine vertragliche Verpflichtung innerhalb der NATO. Wenn eine Geldzusage gemacht worden ist, dann muss sie auch eingehalten werden. 2014 haben die NATO-Staaten einstimmig beschlossen, alle Anstrengungen zu unternehmen, bis 2024 ihre Verteidigungsausgaben auf zwei Prozent ihres Bruttoinlandsproduktes (BIP) anzuheben. Was sollen nach einem solchen Beschluss die langen Diskussionen in der deutschen Politik, wenn Deutschland zurzeit bei 1,2 Prozent liegt? Ich finde es nicht korrekt, auf der einen Seite immer wieder mit großen Worten über die Beilegung von Konflikten zu sprechen, aber beim Vollzug stets nur auf die USA zu verweisen und die eigene Beteiligung so gering wie möglich zu halten. Und für besonders fatal halte ich es, wenn inzwischen in der Politik Absprachen, Vereinbarungen und Verträge nicht eingehalten werden.

Während Sie in Uniform durch die Nacht marschierten und den bewaffneten Häuserkampf simulierten, erwachte um Sie herum der freie europäische Geist: Die Beatles und die Rolling Stones sorgten für einen neuen Sound, das italienische und französische Kino feierte das Jungsein als existenzialistisches Fest. Wie dürfen wir uns den jungen Soldaten Werner Münch in dieser Zeit vorstellen? Zerrissen zwischen den Swinging Sixties und dem militärischen Drill?

Ich habe die Beatles und die Rolling Stones auch gehört, aber sie nie in Verbindung zu meiner Uniform gebracht. Natürlich fand ich am Kasernenleben manches übertrieben oder fragwürdig. Mich haben im Unterschied zu Oskar Lafontaine aber nie Disziplin, Ordnung und Gehorsam gestört. Insofern gab es keine Zerrissenheit, zumal Beatles und Militär zwei völlig verschiedene Tatbestände sind. Ich bin insgesamt dankbar für das, was ich bei der Bundeswehr gelernt habe: Umgang mit Waffen, Technik und Funksystemen oder auch vier Wochen in Sonthofen bei der ABC-Abwehrschule der Bundeswehr, wo ich mein Wissen über atomare, biologische und chemische Kampfstoffe erheblich erweitern konnte.

Für negative Schlagzeilen sorgt bei der Bundeswehr immer mal wieder das Thema »Traditionspflege«. Kamen Ihnen damals bestimmte Kasernennamen und Rituale nicht auch ein bisschen seltsam vor?

Ich beantworte diese Frage zunächst einmal nicht direkt, sondern indirekt. Der deutsche Soldat damals war, das muss man sagen, konservativ. Im Dienst gab es einige Verfehlungen, aber wenige und schon gar nicht solche großen Ausmaßes. In jeder Großorganisation gibt es Verfehlungen. Es gibt sie überall, wo Menschen sind. Die Kaserne in Lüneburg, in die ich eingezogen wurde, hieß Schlieffen-Kaserne. Alfred Graf von Schlieffen lebte von 1833 bis 1913, war preußischer Generalfeldmarschall, Chef des Generalstabes und Autor des bekannten Schlieffen-Plans. Das war ein strategisch-operativer Plan des Generalstabs in Deutschland, im deutschen Kaiserreich – eine Denkschrift, ein Plan für einen möglichen Krieg gegen Frankreich und Russland. Natürlich wusste das der durchschnittliche Wehrpflichtige nicht. Ob ich das damals so genau wusste, weiß ich auch nicht mehr. Kasernennamen haben uns nicht besonders interessiert. Sie waren kein Thema. Die Bundeswehr hatte in den ersten Jahren des Aufbaus auch andere Probleme, als die Frage zu stellen, ob jeder Name einer Kaserne berechtigt, gut oder nicht gut war. Dass man das heute hinterfragt, ist richtig. Dagegen habe ich grundsätzlich keine Einwände, solange man es nicht übertreibt.

Bei der Sturmflutkatastrophe 1962 waren Sie als Soldat auch im Einsatz. Wie haben Sie das erlebt?

Meine Kameraden und ich sind nachts durch eine gut funktionierende Trillerpfeife aus dem Schlaf gerissen worden. In wenigen Minuten waren wir mit Sturmgepäck im Feldanzug fertig, wurden auf Lastwagen geladen und fuhren ins Einsatzgebiet, ein Katastrophengebiet, in dem ein Deich zu brechen drohte, der teilweise schon Lücken hatte. Sandsäcke mussten gefüllt und gestapelt werden. Zunächst waren wir in der Nähe von Cuxhaven eingesetzt. Dann war ein Deichschutz im Hamburger Umland nötig. Viele sind dabei an die Belastungsgrenze oder darüber hinausgegangen. Das war schließlich nicht verbunden mit einem regulären 8-Stunden-Schlaf nach einem 8-Stunden-Einsatz. Aber: Wofür waren wir denn sonst Soldaten? Natürlich wollten wir helfen. Und wir waren auch stolz auf unsere Hilfeleistung.

Gab es Zeichen der Anerkennung?

Die Menschen, die direkt von der Flut betroffen waren, waren außerordentlich dankbar. Das haben wir vielfach gespürt. Später bekamen wir eine Gedenkmedaille des niedersächsischen Ministerpräsidenten und eine Urkunde von Helmut Schmidt, der damals Innensenator von Hamburg war. Der Orden wurde an der Ordensspange meiner Uniform angebracht – neben dem Sportabzeichen der zweite Orden! Aber wir haben diesen Einsatz als unsere selbstverständliche Pflicht angesehen.

Gibt es andere Ereignisse, die Sie damals erlebt haben, die Ihnen im Gedächtnis geblieben sind?

Meine Zeit als Angehöriger der Bundeswehr war ja insgesamt völlig atypisch. Das muss ich erklären: Sie war deshalb atypisch, weil ich formal von 1961 bis 1970 in der Bundeswehr war, aber nur die ersten Jahre als Berufssoldat zur Truppe gehörte. Ab 1966 wurde ich als Oberleutnant der Bundeswehr zum Studium geschickt. Zu meiner Zeit wurden jährlich zehn Offiziere nach bestimmten Kriterien zum Studium, vor allem im Schwerpunkt Geschichte, ausgewählt, weil auf den Heeresoffiziersschulen das Fach Militär- und Kriegsgeschichte ein Pflichtfach war, aber die Lehrer für dieses Fach so ziemlich alle auf das Pensionsalter zugingen. Ich bekam eines Tages den Befehl, nach Köln zu fahren und mit dem für meine Personalangelegenheit zuständigen Oberst Heidegger, dem Sohn des bekannten Philosophen, diese Studienfrage zu besprechen. Wir haben uns übrigens sehr viel später in Freiburg wiedergetroffen. Nach einem intensiven Gespräch mit einer Studienzusage an mich und meinem Einverständnis musste ich die Wahl des Studienortes treffen: Hamburg, München, Hannover oder Freiburg. Mir war durch mein Interesse an Geschichte bekannt, dass das Militärgeschichtliche Forschungsamt in Freiburg, das sich heute in Potsdam befindet, die mit Abstand beste und größte Bibliothek in der Militär- und Kriegsgeschichte hatte. Der damalige Leiter war Professor Hillgruber, ein anerkannter Historiker. Ich habe deshalb Freiburg gewählt und bin in Zivil, aber als aktiver Offizier zum Studium nach Freiburg gegangen. Mein Fach Geschichte habe ich um Politikwissenschaften und Soziologie erweitert.

Als ich im Januar 1970 im achten Semester vorzeitig mein Examen gemacht hatte, habe ich einen Antrag auf Ausscheiden aus der Bundeswehr gestellt.

Wie hat man darauf reagiert?

Zunächst etwas ratlos, denn es gab bis dahin noch keinen aktiven Offizier, der als Berufssoldat nach einem Studium während seiner aktiven Dienstzeit aus der Armee ausgeschieden war. Deshalb war die Frage: Unter welchen Bedingungen kann ein solcher Soldat ausscheiden? Klar war nur, dass ich bei Ausscheiden meinen Status als Beamter verlieren würde. Nun, die Sache ist juristisch gründlich geprüft worden, und nach dem rechtsfähigen Bescheid, der mir dann zugestellt worden ist, musste ich das mir während des Studiums gewährte Büchergeld zurückzahlen, was für mich auch völlig in Ordnung war.

Also ein Ausstieg ohne Verärgerung?

Ohne Verärgerung. Wie gesagt, mich hatte die Wissenschaft gepackt. Ich hatte vorzeitig mein Examen gemacht und mir lagen drei Angebote vor, als Assistent anzufangen: in Freiburg, Salzburg oder Osnabrück. Mein Berufsziel hatte sich geändert, das habe ich der Bundeswehr mitgeteilt.

Wann hatten Sie zum letzten Mal die Uniform an?

Zum letzten Mal hatte ich meine Uniform im Jahr 1984 bei meiner Beförderung zum Oberstleutnant der Reserve an. Danach nicht mehr. Ich habe sie nicht mehr, und ich brauche sie auch nicht mehr.

Was würden Sie rückblickend sagen: Hat Max Frisch recht, wenn er schreibt, dass eine Uniform den Charakter verdirbt?

Diese Behauptung halte ich für völligen Unsinn, weil sie einfach in die Welt posaunt wird ohne irgendwelche Belege und weil sie auf eine Berufsgruppe konzentriert wird, die man willkürlich herausgreift. Es ist ein Generalverdacht, eine Kollektivverurteilung, die ich immer für schlecht und auch für falsch halte. Ich weiß nicht, ob Max Frisch irgendwelche negativen Erlebnisse in diesem Zusammenhang hatte. In jedem Fall ist dieser Spruch nur ein Beweis für eine gewisse Überheblichkeit.

Was denken Sie sonst, wenn Sie heute Nachrichten über die Bundeswehr hören? Mittlerweile sind Frauen bei der Armee. Man kümmert sich stärker um die Rechte von Homosexuellen und Transgender-Personen in der Armee. Schon vor Jahren hat die Regierung die Abschaffung der Wehrpflicht in Friedenszeiten beschlossen. Alles Schritte, die in die richtige Richtung führen?

Aus meiner Erfahrung als Soldat sage ich, dass es grundsätzlich kein Nachteil ist, wenn auch Frauen in der Armee Dienst tun. Aber es kommt schon darauf an, welche Funktion ihnen zugewiesen wird und wie die Unterbringung in der Kaserne geregelt ist. Wie viele Transgender-Soldaten gibt es? Ich habe noch keine Zahlen gehört. Es wird eine verschwindend geringe Minderheit sein. Warum muss man eigentlich in Deutschland jede soziale Tatsache, auch wenn sie lediglich kleine Minderheiten betrifft, zu einem riesigen öffentlichen Problem überhöhen? Was die Abschaffung der Wehrpflicht betrifft: Ich halte diese Entscheidung nicht für gut, weil die

Wehrpflichtarmee – ob man den Begriff liebt oder nicht – in gewissem Sinne eine Schule der Nation war. Es war eine Möglichkeit, Kameradschaft im positiven Sinne kennenzulernen, auch einmal Verzicht zu üben auf die eine oder andere selbstverständliche Freiheit oder Freizeitgestaltung, Disziplin und Ordnung zu lernen und andere Menschen in derselben Situation und auf engstem Raum in einer gemeinsamen 8- oder 12-Mann-»Bude« in ihrer Verschiedenheit zu akzeptieren. Darüber hinaus ist es übrigens inakzeptabel, dass die Abschaffung einer Wehrpflicht per Regierungsbeschluss ohne vorherige Beteiligung des Parlaments erfolgt. Und wenn der deutsche Soldat heute militärische Verpflichtungen an verschiedenen Brennpunkten der Welt erfüllen muss, dann gibt es wohl vorrangigere Probleme als wohnortnahe Verwendung, Einrichtung von Krabbelstuben in der Kaserne oder Überarbeitung des bestehenden Traditionserlasses.

3. Kapitel

»Ich wollte Wissen erwerben«: Studium und Heirat in Freiburg

Sie waren, als Sie im Herbst 1966 mit dem Studium der Politikwissenschaften, Geschichte und Soziologie in Freiburg begannen, bereits sechsundzwanzig Jahre alt, also älter als Ihre Kommilitonen. Konnten Sie trotzdem Freundschaften schließen? Wie haben Sie das Studium erlebt; war das eine Zeit der intellektuellen Befreiung?

Ja, ich war als Erstsemester älter als meine Kommilitonen. Ich habe Geschichte, Soziologie und Politikwissenschaften gewählt; mein Interesse für Politik und Geschichte war ja seit Jahren schon ziemlich groß. Ich habe das Studium als einen großen Gewinn angesehen. Es war eine neue Chance, die mir gegeben wurde, die ich gerne wahrgenommen habe. So atypisch mein Soldatenstatus war, so ungewöhnlich war allerdings auch mein Studentendasein. Von den zehn Offizieren meines Jahrgangs waren drei weitere in Freiburg. Wir waren für das Studium freigestellt worden und hatten keine militärischen Übungen oder sonstigen Dienstverpflichtungen zu übernehmen. Wir hatten ein Zimmer im Militärgeschichtlichen Forschungsamt; die Bibliothek dort stand uns zur Verfügung und dazu eine Mitarbeiterin, die uns bei Referaten oder Hausarbeiten als Sekretärin half, also eine sehr komfortable Situation. Da uns das bewusst war, haben wir unser Studium immer besonders ernst genommen. Am Ende eines jeden Semesters mussten wir auch einen Semesterbericht mit allen Leistungsnachweisen vorlegen.

Ich habe Freundschaften begonnen und gepflegt – mit studierenden Offizierskameraden, mit Assistenten der Universität, die natürlich auch sofort spürten, da sitzt jemand in einem Proseminar oder Seminar, der ein bisschen ernster zu nehmen ist (lacht) als mancher 19-jährige Kommilitone, der später kam oder gar nicht, der seine Hausarbeiten nicht abgab oder um Verlängerung bat oder andere Begründungen und Entschuldigungen vorbrachte. Ich habe, soweit das noch möglich war, weiterhin Sport betrieben, insbesondere an den Wochenenden: Punktspiele im Basketball und Handball. In beiden Sportarten war ich jahrelang Mitglied in Vereinen. Im Basketball hat unsere Mannschaft 1962/63 die Niedersächsische Mannschaftsmeisterschaft gewonnen, wofür uns die Ehrenplakette in Silber der Stadt Salzgitter überreicht wurde. Hin und wieder waren natürlich auch Wochenendbesuche im Elternhaus gewünscht. Insofern hat es darüber hinaus mit Kommilitonen desselben Semesters eigentlich keine freundschaftlichen Beziehungen gegeben. Es hat die eine oder andere erfreuliche Verbindung gegeben, in der wir auch mal zusammengesessen und uns über Fragen des Studiums unterhalten haben, aber das waren keine Freundschaften, so wie ich Freundschaft verstehe. Es war ein kameradschaftliches, kollegiales Verhältnis, aber auch nur zu wenigen, die ich in meinen Proseminaren im ersten Semester kennengelernt habe.

Dafür haben Sie Ihre Frau Mechthild in Freiburg während des Studiums kennengelernt ...

Meine Frau war in Freiburg; sie stand kurz vor dem Abschluss ihrer medizinischen Ausbildung, mitten im Examen, und stand ebenfalls kurz vor Aufnahme ihrer ersten Stelle als Medizinalassistentin.

Wie kam es zu der Begegnung?

Meine Frau und ich sind durch Zufall zusammengekommen. Wir haben in getrennten Zimmern im Souterrain eines Hauses gelebt. Sie hatte dort schon gewohnt. Ich musste meine erste Wohnung aufgeben wegen Wegzugs meines Vermieters, der aus Freiburg nach Ulm verzog. Ich hatte ein Auge auf meine spätere Frau geworfen, weil ich einen Freund hatte, der eine Freundin suchte. Ich hielt sie für sehr passend – für ihn! Seltsamerweise hatte meine Frau eine Freundin, von der sie meinte, dass ich der geeignete Freund für sie sei. Im Laufe zahlreicher Unternehmungen, die wir zu viert gemacht haben, kam dann alles anders als zuerst gedacht. Ich habe im Laufe der Zeit nicht zu ihrer Freundin, sondern zu meiner heutigen Frau eine tiefere Beziehung entwickelt. Wir hatten uns 1966 kennengelernt. 1967 haben wir uns verlobt und im August 1968 geheiratet. Übrigens habe ich sehr schnell feststellen können, wie tief sie im katholischen Glauben verwurzelt war und mich mitgezogen hat, denn in der Zeit bei der Bundeswehr und durch die oft falschen öffentlichen Darstellungen über das Zweite Vatikanische Konzil war bei mir doch manches oberflächlich geworden.

Sie haben 1970, wie Sie bereits sagten, das Dienstverhältnis bei der Bundeswehr beendet. Spielte Ihre Frau bei dieser beruflichen Kurskorrektur auch eine Rolle?

Nein, meine Frau spielte dabei überhaupt keine Rolle.

Fand sie es schick, mit einem Soldaten zusammen zu sein?

Meine Frau hatte bis dahin überhaupt keine Beziehung zur Bundeswehr oder zu Soldaten. Das Einzige war ihre – unrichtige – Überzeugung, dass der Feldwebel der höchste Dienstgrad sei. Ich erinnere mich gut an folgende Szene: Es gab in Freiburg ein französisches Regiment, das gute Beziehungen zur Bundeswehr unterhielt. So wurden wir Bundeswehroffiziere jedes Jahr zu einem großen Ball dieses Regimentes eingeladen. Als ich bereits in der beschriebenen Souterrainwohnung lebte, ging ich eines Abends in Uniform die Treppe hoch, um zu diesem Ball zu gehen. Meine spätere Frau sah mich, schaute auf die Dienstmütze, in deren Mitte eine schwarz-rotgoldene Kokarde befestigt war, und fragte mich: »Was haben Sie denn da oben? Blinken Sie da Ihrer Tanzpartnerin mit grünem oder rotem Blinklicht, ob Sie sie zum Tanz auffordern wollen oder nicht?« (lacht). Ich habe es dann erst einmal als meine Verpflichtung angesehen, meine spätere Frau in einige militärische Dinge einzuweihen, beispielsweise welche Teilzeitkräfte es gibt und dass der Feldwebeldienstgrad nicht der höchste ist. Aber unabhängig davon: Meine Frau hat nie einen Einfluss auf meine Ideen oder Entscheidungen beruflicher Art genommen, wenn sie das Gefühl hatte, dass es kein Unsinn war und dass ich es gerne möchte. Es war eigentlich immer die Standardformulierung: »Wenn du es willst und wenn du den Eindruck hast, dass du dabei glücklich wirst, dann tu es.« Aber ich habe sie immer vorher gefragt und ihr Urteil war mir auch wichtig.

Sie haben das Studium in Rekordzeit absolviert.

Ich hatte von der Bundeswehr acht Semester genehmigt bekommen. Wir mussten alle nach acht Semestern, auch gemäß Studienprüfungsordnung – damals war es ein Magisterstudium in den Fächern, die ich studiert habe –, fertig sein. Mir hat das Studium so viel Freude gemacht, dass ich den Ehrgeiz hatte, noch früher fertig zu werden, zumal ich eine andere Idee entwickelte. Ich dachte, vielleicht bekomme ich, wenn ich die acht Semester nicht ausschöpfe, von der Bundeswehr die Genehmigung, anschließend noch eine Dissertation zu schreiben, was ich gerne tun wollte. Ich habe dann einen Antrag an die Universität gestellt, am Ende des siebten Studiensemesters vorzeitig mein Examen ablegen zu dürfen. Das ist von der Fakultät genehmigt worden. Die erhoffte Genehmigung der Bundeswehr für eine Dissertation habe ich dann später auch noch bekommen, worüber ich sehr glücklich war.

Leistung, motiviert durch Freude an der Sache ...

Ja, ein Zusammenhang, den viele unterschätzen, den ich aber für sehr wichtig halte.

Sie erwähnten das Jahr 1968, in dem in Deutschland ja nicht nur Ehen geschlossen wurden: Was haben Sie vom Geist der sogenannten 68er im Studium gespürt? Vermutlich lief diese studentische Aufbruchsstimmung ohne Sie ab. Zumal Freiburg ja nicht gerade im revolutionären Epizentrum lag.

Oh, diesen Geist habe ich sehr stark gespürt, weil ich in der Hochphase der studentischen Auseinandersetzungen Student war, nämlich von Oktober 1966 bis Januar 1970. Natürlich gab es Universitäten wie Berlin oder Frankfurt, an denen dieser Geist oder Ungeist noch stärker zu spüren war, aber die Sozialwissenschaften – und Politik und Soziologie gehörten natürlich dazu – waren Fächer, in denen besonders hart ideologisch gekämpft wurde. Und nicht nur mit Argumenten! Ich habe mehrere studentische Vollversammlungen besucht und war entsetzt über die dort herrschende Intoleranz und Gewaltbereitschaft. Auch an der Universität Freiburg gab es physische Bedrohungen gegen Professoren. Ich habe an der Seite eines Professors seinen Weg aus dem Hörsaal oder in den Hörsaal häufig begleitet, um ihn zu schützen, weil ich körperliche Angriffe gegen Professoren für keine adäquate Form der akademischen Auseinandersetzung hielt.

Was haben Sie noch gemacht als Reaktion?

Auch publizistisch habe ich mich zu Wort gemeldet. Ich habe über viele Wochen hinweg entsprechende Materialien an der Universität gesammelt und einen umfänglichen Aufsatz über die Hochschulsituation an der Freiburger Universität verfasst, der in der von Ernst Nolte herausgegebenen Schrift »Deutsche Universitäten 1969. Berichte und Analysen« veröffentlicht worden ist.

Sie waren als Student nicht nur weiterhin Soldat, sondern auch Stipendiat der Konrad-Adenauer-Stiftung. Hatten Sie damals neben dem Interesse an Politik auch schon zarte politische Ambitionen?

Nein. Politische Ambitionen waren zu der Zeit noch kein Thema für mich. Ich habe immer Interesse an Politik gehabt, auch an der aktuellen, konkreten Politik – das war ein wichtiger Grund, dass ich auch Politikwissenschaft studiert habe. Ich zog die aktuelle Politik aber nicht als einen Beruf für mich in Erwägung. Ich wollte Wissen erwerben. Also schrieb ich während des Studiums eine erste Publikation in Geschichte über die Konferenzen in Teheran, Jalta und Potsdam. Ich hatte mich dafür auf osteuropäische Geschichte konzentriert und eine Zeit lang jeden Tag bis zu vier Stunden Russisch gelernt, weil ich die Konferenzprotokolle auf Englisch und auf Russisch lesen wollte, um sie miteinander vergleichen zu können, was ich dann auch getan habe. In der Soziologie habe ich freiwillig für ein Demoskopie-Institut empirische Befragungen durchgeführt, weil ich wissen wollte, wie man zu empirischen Ergebnissen kommt, die einigermaßen gesichert sind.

Und – was war Ihr Eindruck?

Nun, die sorgfältige empirische Erhebung schafft schon gewisse Sicherheiten in der Prognose, aber sie ist immer eine Momentaufnahme und enthält auch gewisse Fehlerquellen, zum Beispiel in der Auswahl des Sample, also: Wie kann man eine statistisch verlässliche Durchschnittsquote bei der Auswahl der Adressaten bekommen, um das Meinungsspektrum insgesamt abzubilden, aber auch in der Bewertung des vorliegenden Datenmaterials? Wenn man beispielsweise Umfragedaten vorgelegt bekommt und nicht darüber informiert wird, wie viele befragt worden sind, in welcher Region und nach welchen Kriterien, dann sind Manipulationen Tür und Tor geöffnet.

Der renommierte Politikwissenschaftler Professor Dieter Oberndörfer lobte Ihren »genuinen Forschungs- und Wissensdrang, der das kennzeichnende Merkmal eines Wissenschaftlers bildet«. Ein anderer angesehener Wissenschaftler, Professor Matthias Schmidt, dessen Wissenschaftlicher Assistent Sie 1970 in Osnabrück waren, bescheinigte Ihnen eine »ungewöhnliche Arbeitsintensität und großen Scharfsinn«; auch Ihre »didaktischen Fähigkeiten« wurden neben der »wissenschaftlichen Begabung« gelobt. Warum hat Ihnen das wissenschaftliche Arbeiten rund um politische Theorien sowie Fragen zu Parteien und Wahlsoziologie so viel Freude gemacht? Sind Sie ein Fan von Ordnung und Klarheit? Mögen Sie es, komplexe Sachverhalte in leicht erkennbare Strukturen zu gliedern?

Ich bin von Natur aus analytisch und auf Systematik angelegt. Es kann sogar sein, dass das einhergeht mit ein bisschen Verlust an Empathie. Ich habe einmal darüber nachgedacht, als eine meiner drei Töchter vor einigen Jahren zu mir sagte: »Papa, ich möchte dich mal weinen sehen!«, was meine Töchter nie erlebt haben, weil ich auch bei der Beherrschung von Gefühlen durchaus versuche, die Oberhand über meine Empfindungen zu behalten. Es gibt ja viele Menschen, die sehr analytisch strukturiert sind und Ordnung außerhalb von »erstens, zweitens, drittens« gar nicht gerne mögen; und es gibt andere, die können Ihnen stundenlang interessante Geschichten erzählen, und wenn Sie nach Hause gehen, fragen Sie sich:

Was war die Quintessenz, was war die Botschaft, worauf kam es an? Und dann haben Sie Schwierigkeiten, diese Fragen zu beantworten. Ich will das jetzt gar nicht bewerten – beides hat sicher Vor- und Nachteile. Aber meine persönliche Orientierung war bis heute sehr strukturiert. Das wissen auch meine Kinder: »Papa, nun fang doch nicht wieder mit ›erstens, zweitens, drittens‹ an – du hast ja recht.« Das habe ich oft gehört, und das ist bis heute so geblieben.

Haben Sie das von jemandem in der Familie geerbt?

Nein, das sind meine ganz persönlichen Eigenschaften, obwohl ich eine Scheu habe, mich in eine Diskussion darüber einzulassen, wie viel Prozent bei einem Menschen Veranlagung und wie viel Prozent Vererbung sind. Darüber ist viel Gescheites, aber auch mancher Unsinn in der Literatur anzutreffen. Ich wage da kein abschließendes Urteil. Ich denke, dass beides beim Menschen eine Rolle spielt, ohne dass man sagen kann, wodurch das eine oder das andere stärker ausgeprägt ist. Ich kann lediglich feststellen, dass mein Vater ein Mensch war, der sehr genau, sehr ordnungsliebend war. Meine Geschwister sind sehr viel gefühlsbetonter als ich. Also die wissenschaftliche und politische Neugierde habe ich auf keinen Fall geerbt. Wenn ich überhaupt etwas geerbt habe, dann sind es die Eigenschaften meines Vaters und nicht die meiner Mutter, die sehr viel ausgeprägter bei meinen Geschwistern anzutreffen sind.

Das Thema Ihrer Magisterarbeit lautet: »Der Begriffsapparat bei David Easton«. Das klingt ein bisschen spröde. Wie kam es zu diesem Thema? Was hat Sie daran interessiert?

Ich kann gut verstehen, dass man zunächst versucht ist, das Thema als ziemlich spröde zu bezeichnen, aber das war hochinteressant. David Easton war ein amerikanischer Wissenschaftler, der damals neben anderen die Neuausrichtung der Methodik in den Sozialwissenschaften, insbesondere in der Politikwissenschaft, wesentlich beeinflusst hat. Als ich 1966 nach Freiburg kam, galt die Methode des *Common Sense*, zumindest in Freiburg, als die gängige Methode. Was heißt das? Das heißt, dass das, was sozusagen mit dem »normalen Menschenverstand« als »natürlich« angesehen wird, nicht empirisch belegt werden muss. Es hat seine allgemeine Gültigkeit. Zu Beginn meines Studiums öffnete man sich aber auch in den Sozialwissenschaften stärker dem naturwissenschaftlichen Prinzip der Verifikation oder der Falsifikation. Das wiederum heißt: Man prüft eine Aussage unter dem Gesichtspunkt ihrer Nachweisbarkeit. Da gibt es dann zwei Möglichkeiten: Man versucht das, was man aussagt, so häufig wie möglich nachzuweisen, dass es existiert, die Verifikation; oder mit der gegenteiligen Methode: Man versucht, die Aussage infrage zu stellen – so oft und so intensiv wie möglich, eben die Falsifikation. Man versuchte also, die empirischen Daten nach den bekannten Gesetzen der Naturwissenschaften auf die Politikwissenschaften anzulegen. Der *Common Sense* wurde durch eine – wie man meinte – gesichertere, nachweisbarere Methodik abgelöst. Eine dieser neuen Bewegungen ging von den USA aus, und einer ihrer Vertreter war David Easton. Easton hat ein Grundmodell entwickelt – man erkennt bei diesem Begriff schon das naturwissenschaftliche Denken –, dass alles das, was passiert, durch einen Stimulus geschieht.

Ein Stimulus beeinflusst ein Ereignis und dieser Stimulus hat einen Einfluss auf das, was sich aus dem Ereignis entwickelt, und diesem wiederum folgt ein *Feedback* auf weitere Ereignisse, es hat also eine Auswirkung. Es entsteht ein Kreislauf von Einfluss, Beeinflussbarkeit und Folgen davon. Das, fand ich, war ein spannendes Thema. Ich hatte die Literatur fast ausschließlich in Englisch zu lesen – das hat etwas länger gedauert, weil ja auch von der Begrifflichkeit her manches neu war. Mich hat im Kern die Frage interessiert: Kann man wirklich naturwissenschaftliche Methoden auf die Sozialwissenschaften übertragen, um zum Beweis der Richtigkeit einer Aussage zu gelangen? Das war nicht trocken, das war spannend.

Und wie lautete das Ergebnis, Ihr Ergebnis? Kann man?

Natürlich kann man das zu einem großen Teil tun. Ich habe ja auch meine Dissertation bei Professor Dieter Oberndörfer über empirische Methoden geschrieben mit der wesentlichen Frage, wie man sie, besonders Befragungs- und Beobachtungsmethoden, handhabbar und überprüfbar machen kann.

Das Thema Glaube und Vernunft, Glaube und Wissenschaft spielte für Sie in dieser Zeit keine Rolle?

Nein, das spielte damals für mich keine Rolle. Aber als ich mich in den vergangenen Jahren vor allem mit den Schriften von Papst Benedikt XVI. näher beschäftigt habe, konnte ich feststellen, in welch frühen Jahren für ihn schon das Verhältnis von Glaube und Vernunft, von Religion und Naturwissenschaften und damit auch von naturwissenschaftlichen

Beweisführungen und Gewissensentscheidungen eine große Rolle gespielt hat. Da habe ich mich an meine Studienzeit erinnert. In Benedikts Rede vor dem Deutschen Bundestag (2011) kommt dieser berühmte Satz vor, dass die Mehrheitsfindung in einer Demokratie die entscheidende Methode ist, aber nicht alle Fragen mehrheitlich so wie in der Naturwissenschaft entschieden werden können. Papst Benedikt XVI. hat immer deutlich gemacht, dass er für die Beweismethoden der Naturwissenschaften ist, aber dass das allein nicht ausreicht. Daher kommt ja diese geniale Formulierung: »Wir müssen das Fenster weit aufstoßen, damit wir nicht borniert werden und uns von der Aufklärung und ihren Gesetzmäßigkeiten beeindrucken lassen für alle Fragen des Lebens.« Damals im Studium hat diese Auseinandersetzung für mich aber noch keine Rolle gespielt. Ich habe in Freiburg auch keine Zeit gehabt, mich in theologische Literatur einzuarbeiten. Gut, dass das dann später möglich wurde.

Wie schon beim Abitur, so gelang es Ihnen auch beim Magister, eine Arbeit mit Auszeichnung zu verfassen. Wie sind Ihre Eltern und Geschwister mit diesem Erfolg in der akademischen Welt umgegangen?

Sie haben mir, wenn ich mich richtig erinnere, gratuliert. Sie haben keine Euphorie gezeigt. Ob es eine stille Freude gab, weiß ich wiederum nicht sicher. Wenn mich jemand fragen würde: »Waren sie stolz auf Sie?«, so müsste ich antworten: »Das kann ich nicht sagen, sie haben es mir gegenüber jedenfalls nicht gezeigt.« Vielleicht war es in ihrem tiefsten Inneren so. Eine abschließende gesicherte Bewertung kann ich da aber nicht vornehmen.

4. Kapitel:
»Ich habe meine mir geschenkten Talente weiter auszubauen versucht«: Wissenschaftliche Laufbahn

Entlassen in das kasernenfreie Leben, sind Sie ab 1970 wie eine wissenschaftliche Rakete durchgestartet: zuerst Wissenschaftlicher Assistent an der Pädagogischen Hochschule Osnabrück, 1972 Hochschullehrer für Politische Wissenschaften und Soziologie an der Katholischen Fachhochschule Norddeutschland in Vechta und Osnabrück (zwei Abteilungen), deren Rektor Sie 1973 wurden; 1974 Promotion an der Universität Freiburg, 1976 die Ernennung zum »Professor bei einer Fachhochschule«, 1979 »Professor an einer kirchlichen Hochschule« (Umbenennung) und 1982 »Professor« (erneute Umbenennung). Wie haben Sie das alles bewältigt? Innerlich und äußerlich?

Zunächst einmal: Ich war keine Rakete. Das, was Sie aufgezählt haben, war eigentlich aus meiner Sicht ganz normal. Dazu gehörte eine disziplinierte Arbeitsorganisation, die Bereitschaft, auch abends spät oder am Wochenende zu arbeiten. Aber ich bin äußerlich unverändert geblieben, innerlich immer gefasst und optimistisch. Ich habe, wenn ich das so formulieren darf, meine mir geschenkten Talente, die ja nicht mein Verdienst sind, ausgebaut, so wie das nach der Heiligen

Schrift auch völlig normal und selbstverständlich ist. Ich weiß nicht, wie viele Talente ich bekommen habe und ob ich genau das Doppelte daraus gemacht habe, aber ich habe gespürt, dass ich gewisse Talente und Begabungen habe, und ich habe immer versucht, damit verantwortlich umzugehen. Nicht nur im Sinne von Verwaltung dieser Talente, so wie sie sind, sondern sie auch auszubauen, um sie auch für andere dienlich zu machen. Das ist oft der entscheidende Punkt. Insofern war mein Weg ein geordneter Weg. Kein Raketenstart, aber auch kein Raketenabwurf.

Hat Ihre Frau Sie unterstützt oder musste sie Sie bremsen?

Meine Frau hat nie in dieser Weise Forderungen gestellt, weil unser Zusammenleben von einer so selbstverständlichen Partnerschaft im Sinne der Aufgaben- und Pflichtenteilung geprägt war, dass das kein Diskussionsthema war. Natürlich hat sie auch ein »ärztliches Auge« auf mich geworfen und beobachtet, ob ich vielleicht über meine Grenzen hinausgehe. Und wenn ich in der Gefahr war, solches zu tun, oder am Beginn einer solchen Entwicklung stand, hat sie es mir sofort ernsthaft gesagt, weil sie es natürlich gut mit mir meinte, und dann habe ich mich auch danach gerichtet.

Sie waren aber nicht das einzige medizinische Studienobjekt Ihrer Frau. Sie hat nach dem Studium als Ärztin gearbeitet.

Meine Frau, die ihr Examen und ihre Dissertation Ende 1966 abgeschlossen hatte, begann im Februar 1967 ihre zweijährige Medizinalassistentenzeit und danach eine fünfjährige

Assistentenzeit mit abgeschlossener Facharztausbildung in der Anästhesie und Intensivmedizin. 1974 wurde sie Chefärztin dieser Disziplin in einem katholischen Krankenhaus mit damals gut 200 Betten in unserem Wohnort in Lohne. Da war sie zweiunddreißig Jahre alt. Damals hatten wir bereits zwei kleine Kinder (Jahrgang 1971 und 1973), die versorgt und betreut werden mussten. Meine Frau hatte einen Beruf mit vielen Nacht- und zahlreichen Wochenenddiensten und arbeitete in den ersten Jahren in diesem Krankenhaus als Chefärztin ohne eine weitere Fachärztin der Anästhesie, lediglich mit einer Assistenzärztin. Natürlich gab es auch Schwestern und Pfleger, ebenfalls einen sehr guten Anästhesiepfleger, aber eben keinen weiteren Arzt, der verantwortlich eine Vertretung für meine Frau hätte übernehmen können. Da haben wir die Mutter meiner Frau gebeten, ob sie mal an einem Wochenende die beiden Kinder nehmen könnte. Wir wollten in Ruhe unsere Lebenssituation besprechen und uns überlegen, was wir jetzt tun sollten. Ich wollte meiner Frau auf keinen Fall die berufliche Chance verwehren, zumal damals die Anästhesie noch in den Anfängen als selbstständige Disziplin war, was große berufliche Chancen versprach. Deshalb habe ich ihr angeboten, dass ich zu Hause bleiben und meine Hochschultätigkeit zeitlich unterbrechen könnte, da ich der Meinung war, dass sie diese einmalige Chance in dem Alter wahrnehmen sollte. Die Alternativlösung war, sich um eine Person zu bemühen, die sich um die Kinder kümmern und auch den Haushalt führen sollte. Schließlich haben wir uns dafür entschieden, und mit Vera Pape fanden wir eine fantastische Frau, die weit über dreißig Jahre in unserer Familie gearbeitet hat und die bis heute noch mit uns in guter Verbindung steht. Sie wird in diesem Oktober neunzig Jahre alt. Wichtig ist in diesem Punkt: Man kann in seinem Leben außerordentlich viel verwirklichen, wenn es eine echte Partnerschaft zwischen den beiden Ehepartnern gibt und jeder eine ehrliche Bereitschaft hat, für den anderen und für die Familie einzustehen.

»Im Gründungsausschuss der Universität Osnabrück ist er eine der beherrschenden Figuren«, heißt es in einem Gutachten aus dieser Zeit über Sie. Offensichtlich gefiel Ihnen nach der Pionierarbeit bei Bund und Studium nun die Pionierarbeit einer Universitätsgründung.

Die Situation war damals so: Die SPD regierte in Niedersachsen, der SPD-Kultusminister Prof. Peter von Oertzen war auch für die Hochschulen verantwortlich. Er war ein Vertreter des linken Flügels der SPD und hatte fast ausschließlich unter politischen Gesichtspunkten Neugründungen von Universitäten beschlossen. Bei diesen Neugründungen, oder präziser: Umgründungen, wurden bestehende Pädagogische Hochschulen zu Universitäten weiterentwickelt. Das Fächerspektrum wurde erweitert, es mussten Berufungen in neuen Disziplinen erfolgen sowie bauliche und sonstige Dinge organisatorischer Art bewältigt werden. Von Oertzen richtete für Osnabrück und Oldenburg mit je einer Pädagogischen Hochschule jeweils einen Gründungsausschuss ein. Diese Gründungsausschüsse waren drittelparitätisch besetzt: fünf Hochschullehrer, fünf Wissenschaftliche Assistenten, fünf Studenten. Ich war in meiner Funktion als Assistentensprecher an der Pädagogischen Hochschule in Osnabrück in der Gruppe der wissenschaftlichen Mitarbeiter in diesen Ausschuss gewählt worden. Es gab fast bei allen wichtigen Entscheidungen im besten Fall 10:5 oder 12:3 oder 11:4 Abstimmungsergebnisse, das heißt, wir »Konservativen« waren immer in der Minderheit, legten aber großen Wert darauf, unsere Positionen inhaltlich deutlich zu machen. Unausgesprochen wurde ich im Laufe unserer Arbeit als der Sprecher der »Konservativen« angesehen. Ich habe über diese Zeit ein Buch geschrieben mit dem Titel »Die politische Verantwortung eines Kultusministers« (von Hase & Koehler Verlag, 1976), in dem ich das ganze Konzept Peter von Oertzens kritisch dargestellt habe.

Soziologie, aber auch Politische Wissenschaft waren in den frühen 1970er-Jahren durchaus Modefächer – sozusagen als Nachwehen von 68. Erinnern Sie sich an die akademischen Schlachten der damaligen Zeit? Mussten Sie sich, als die SPD mit der neuen Ostpolitik Willy Brandts näher an die DDR heranrückte, auch verstärkt mit der marxistischen Theorie befassen, um den kritischen Studenten Orientierung zu geben und um sicherzustellen, dass die Wissenschaft ideologiefrei blieb? Wie liefen damals die Diskussionen ab?

Die genannten Fächer waren damals nicht nur Modefächer, sondern – wenn man so will – auch Kampffächer. In ihnen hat sich die ideologische Auseinandersetzung am intensivsten abgespielt. Deshalb musste man sich damals in der Politikwissenschaft auch mit dem Marxismus beschäftigen, wofür ich bis heute dankbar bin. Durch diese Beschäftigung habe ich gelernt, wie früh in der Literatur Gesellschaftskonzeptionen von einer bestimmten politischen Richtung her diskutiert worden sind. Beispiel Familie: In den Büchern über Marxismus kann man lesen, dass es das Ziel ist, die Familien zu erobern, weil durch die Beherrschung der Familien die Grundlage gelegt ist, um Gesellschaftsveränderungen umfassender, totaler Art durchzusetzen. Probleme in meinen Veranstaltungen beim Thema Marxismus hatte ich keine. Ob das an einer geschickten pädagogischen oder didaktischen Methodik lag, weiß ich nicht. Ich habe allerdings die Studenten stark einbezogen und sie dahin geführt, selbst zu interpretieren, was sie gelesen haben, und dies dann auch kritisch zu bewerten. Sicher gab es manchmal auch harte verbale Auseinandersetzungen, aber wenn mir klar war, dass eine bestimmte vorherrschende studentische Position nicht korrigierbar war, dann habe ich das nicht weiterdiskutiert, weil ich keinen Sinn darin gesehen habe. Das ist auch eine wichtige Lernerfahrung! Man kann nur bis zu einem bestimmten Punkt versuchen, jemanden argumentativ, nicht ideologisch zu überzeugen. Wenn man sieht, es wird nicht akzeptiert, und zwar nicht aus intellektuellen Gründen, sondern weil es irgendwelche ideologischen Verbohrtheiten gibt, dann macht es keinen Sinn, weiter darüber zu diskutieren. Ich habe übrigens den Eindruck, dass das in Glaubensfragen ähnlich ist. In dem Augenblick, in dem ich ein Problem habe und intensiv versuche, selbst zur Lösung dieses Problems beizutragen, muss ich eines Tages, wenn mir das nicht gelingt, bereit sein zu sagen: Lieber Herrgott, ich lege Dir hiermit das Problem auf den Tisch, ich habe alles versucht. Jetzt ist es Deine Aufgabe. Das ist vielleicht ein etwas schiefer Vergleich, aber auch da gibt es eine Grenzziehung, bei der man, wenn die Grenze erreicht ist, bereit sein muss zu sagen: Meine Möglichkeiten der Einflussnahme sind erschöpft, ich muss die Versuche einer persönlichen Lösung des Problems beenden.

Was für Erkenntnisse aus diesen aktiven Jahren Ihrer wissenschaftlichen Laufbahn würden Sie als zeitlos wichtig einstufen?

Ein wichtiger Grundsatz lautet: Es gibt Grundüberzeugungen, die man nicht verlassen darf. Es gibt eine ganze Menge Fragen im Leben, in denen man Kompromisse schließen muss, die auch gar nicht schwer sind, weil es im Grunde genommen Marginalien sind, aber Positionen in grundsätzlichen Fragen darf man nicht aufgeben. Ich habe meinen Studenten immer gesagt: Das ist wie mit einem löchrigen Unterhemd. Beim ersten Loch könnt ihr es noch stopfen, beim zweiten vielleicht noch, spätestens beim dritten, vierten oder fünften, je nach eurer Ordnungsliebe, könnt ihr es nicht mehr sehen und werft es weg. So ist das im Grunde auch mit Fragen, die wesentlich für das Leben sind, insbesondere wenn es um ein gemeinsames Leben geht von zweien oder mehreren, sprich Familien. Wie wichtig auch für den Partner eine kirchlich geschlossene Ehe, das Einhalten des Eheversprechens oder die religiöse Erziehung der Kinder ist, sollte man vor seiner Eheschließung klären. Eine zweite wichtige Erkenntnis: Gewalt ist kein Mittel der Auseinandersetzung, so wie auch persönliche Diffamierung kein Mittel dafür ist. Ich habe nie die Diskussion mitgemacht, zwischen Gewalt gegen Sachen und Gewalt gegen Personen zu unterscheiden. Das ist eine ganz unselige Differenzierung, die man vornimmt: Gewalt ist Gewalt, wenn auch mit unterschiedlichen Ergebnissen. Und wenn jemand fremdes Eigentum besetzt, weil er nicht einsieht, dass das einem anderen gehört, dann ist der Weg zur Gewalt gegen den Besitzer auch nicht mehr weit.

Von 1973 bis 1978 waren Sie Rektor der Katholischen Fachhochschule in Vechta und Osnabrück – da hatten Sie sicherlich auch ausreichend mit katholischen Würdenträgern zu tun. Was war Ihr Eindruck?

Die Konstruktion dieser Katholischen Fachhochschule Norddeutschland, einer Fachhochschule für Religionspädagogik und Sozialwesen, bestehend aus Sozialarbeit und Sozialpädagogik mit unterschiedlichen Schwerpunkten (zum Beispiel Behinderten-, Gefangenen-, Vorschul- oder Religionspädagogik), war getragen und finanziert von drei Bischöfen: dem Bischof von Osnabrück (deshalb der Standort Osnabrück), dem Bischof von Hildesheim und dem Bischof von Münster mit dem Offizialatsbezirk Vechta mit einem eigenen Weihbischof. Diese drei Bischöfe, mit denen ich sehr viel zu tun hatte, vor allem in vielen gemeinsamen Konferenzen und Besprechungen, hatten keine Erfahrung in der Gründung einer neuen kirchlichen Hochschule, was nicht verwunderlich ist. Diese Erfahrung brachte ich nun ganz aktuell aus der Gründungszeit der Universität Osnabrück mit, und die Bischöfe haben meinen Sachverstand gerne in Anspruch genommen. Ich habe mit allen dreien in all den Jahren keine Probleme gehabt und stets gut zusammengearbeitet.

Von 1975 bis 1978 – das wollen wir nicht vergessen – waren Sie der Präsident aller kirchlichen Hochschulen in der Bundesrepublik. Sie waren das während zweier Amtszeiten, was ungewöhnlich ist in diesem Amt. Wie kam es dazu?

Es gab damals insgesamt siebzehn kirchliche Hochschulen in der gesamten Republik: sieben katholische Hochschulen (sechs Fachhochschulen plus die Universität Eichstätt) und zehn evangelische Hochschulen. Der Rektor einer Hochschule wurde an seiner eigenen Hochschule gewählt, der Präsident aller kirchlichen Hochschulen alle zwei Jahre von den siebzehn Rektoren oder Präsidenten dieser Hochschulen. Die zwei Amtszeiten als Präsident, also insgesamt vier Jahre, waren tatsächlich ungewöhnlich wegen des eigentlich selbstverständlichen Turnus, dass ein evangelischer Präsident einen katholischen nach zwei Jahren ablöst und umgekehrt. Aber nach meiner ersten zweijährigen Amtszeit wollten die evangelischen Rektoren damals, dass ich noch zwei weitere Jahre das Amt ausübe. Neben der Zufriedenheit mit meiner Amtsführung kam ein anderer Grund hinzu: Bei den Evangelischen gab es einen sehr ehrgeizigen, aber inhaltlich wenig akzeptierten Rektor, der unbedingt Präsident werden wollte. In dieser Situation haben mich die Evangelischen gefragt, ob ich bereit sei, für weitere zwei Jahre das Amt zu übernehmen, und die katholischen Rektoren haben sich natürlich darüber gefreut.

Gelebte Ökumene.

Ja, insofern habe ich auch viele Repräsentanten der evangelischen Kirche erlebt. In meinem Erfahrungsbereich waren es Menschen, die zuhören konnten und das Beste wollten für die Studenten und die zukünftige berufliche Tätigkeit der Absolventen, zumal diese ja sehr stark in den kirchlichen Bereich hineingegangen sind.

Gab es andere interessante, bereichernde Kontakte?

Ich erinnere mich, wie wir siebzehn Rektoren und Präsidenten bei einer Sitzung in München mit Joseph Kardinal Ratzinger einen intensiven Dialog geführt haben. Das war eine beeindruckende Begegnung.

Was haben Sie in dieser Zeit publiziert?

Wir haben an unserer Katholischen Fachhochschule in Vechta/Osnabrück auf meine Initiative hin eine eigene Publikationsreihe aufgelegt. Der Titel dieser Publikationsreihe war »Person – Gruppe – Gesellschaft«, weil wir in unserer Ausbildung sehr bewusst den Menschen in den Mittelpunkt gestellt und deshalb in unserer Publikationsreihe diese drei Begriffe als Titel formuliert haben. Ich habe mit Gerhard Herkenrath, der Priester war an der Katholischen Fachhochschule in Nordrhein-Westfalen, Standort Köln, eine Publikation verfasst mit dem Titel »Hochschulen in freier Trägerschaft. Zum Selbstverständnis kirchlicher Fachhochschulen«, weil es mir darauf ankam, dass katholische Hochschulen ihr eigenes Proprium haben, und dieses eigene Proprium definiert und begründet werden muss. Wenn eine katholische Fachhochschule nichts anderes tut als eine staatliche Hochschule, kein eigenes Proprium mit anderen Studiengängen und auch anderen Schwerpunkten besitzt, dann brauche ich keine kirchliche Hochschule. Wir müssen Eigenständigkeiten aufweisen und wir müssen den Mut haben, sie auch gegen Angriffe zu verteidigen. Das war in der damaligen Zeit, in der ich die hochschulpolitische Verantwortung übernommen habe, auch völlig unumstritten. Dass sich das heute im Vergleich zu damals wesentlich verändert hat, wissen wir – leider.

Haben Sie die Hoffnung, dass die katholischen Fakultäten oder die katholischen Fachhochschulen von heute eines Tages wieder kraftvoll in die Gesellschaft hineinstrahlen?

Ich habe eine Zeit lang gedacht, wenn die 68er-Generation mal aus dem aktiven Dienst ausgeschieden ist, dann wird es wieder besser. Aber dabei hatte ich nicht berücksichtigt, wie viele von der 68er-Generation ausgebildet worden sind, die jetzt noch wirken, lehren und Inhalte von Wissenschaften bestimmen. Deshalb bin ich sehr skeptisch, was die Korrektur dieser Entwicklung betrifft. Insgesamt habe ich den Eindruck, dass die Zahl der mutigen wissenschaftlichen Kämpfer für die Wahrheit des katholischen Glaubens geringer wird. Ich weiß, dass solche, die es tun wollen, Schwierigkeiten haben. Manches wird nicht veröffentlicht mit der Begründung, dass die Universität Bedenken hat oder der Rektor der Universität sagt: »So nicht – das wäre ein Ausweis für unsere Fakultät, den wir nicht haben wollen.« Andere gibt es, die sich selbst anpassen, um nicht aus staatlichen Finanztöpfen bei Subventionierungen und Zuschüssen ausgeklammert zu werden. »Du bekommst nur ein Gutachten, wenn du unsere Auffassung vertrittst.« Das wird oft nicht so ausgesprochen, aber erwartet. »Dein Projekt erhält nur eine bestimmte finanzielle Zuwendung, wenn es in eine bestimmte Richtung geht.« Das alles durchzustehen, verlangt schon Mut. Den hat nicht jeder. Es hat auch nicht jeder das Glück, in einem Alter zu sein, wo solche Positionen keine beruflichen Folgewirkungen mehr haben. Natürlich kann ich mit siebenundsiebzig Jahren viel freimütiger meine Auffassung vertreten als jemand, der vierzig oder fünfzig ist und noch viele Berufsjahre vor sich hat und darauf achten muss, dass auch seine Familie weiterhin versorgt bleibt. Trotzdem habe ich meine Position nicht erst mit siebenundsiebzig vertreten, sondern schon viele Jahre vorher.

Aber mit einer berufstätigen Ehefrau ist das natürlich auch leichter.

Haben Sie noch Kontakt mit Studenten aus der damaligen Zeit? Melden die sich manchmal bei Ihnen oder haben Sie später noch mal was von denen gehört?

Ich habe, was mich überrascht hat, von einigen Studenten noch nach vielen Jahren Reaktionen erhalten, beispielsweise in der Weise, dass sie mir schriftlich oder telefonisch geschildert haben, was sie jetzt machen, was sie aus irgendeiner Vorlesung gespeichert haben oder was ich ihnen beigebracht habe. Sie haben ihre Dankbarkeit dafür zum Ausdruck gebracht. Zu dem einen oder anderen gab es sogar lange einen persönlichen Kontakt, zum Beispiel zu einem Sozialarbeiter aus dem norddeutschen Raum, der später noch Theologie studiert hat und Priester geworden ist, oder einem anderen, der in Gefängnissen arbeitet. Aber wie das so ist im Leben, man verändert ja auch seine personalen Schwerpunkte, weil man aufgrund seiner eigenen Tätigkeit mit anderen Menschen zusammenkommt. Man kann nicht alles aus der Vergangenheit in die Gegenwart mit hineinbringen, weil das auch eine zeitliche Überforderung wäre. Insofern schlafen dann auch im Laufe der Zeit manche Kontakte ein. Und oberflächliche menschliche Beziehungen habe ich nie geschätzt. Ich zerreiße sofort jede Geburtstags- und Weihnachtskarte, die einen vorgedruckten Gruß und Wunsch mit Faksimilestempel als Unterschrift hat – die haben für mich keinen Wert, sie drücken keine persönliche Beziehung aus, und darauf kann ich verzichten.

5. Kapitel
»... aber er ist katholisch«:
Anfang der politischen Laufbahn

Schließlich sind Sie doch politisch aktiv geworden. 1972 traten Sie in die Junge Union (JU) ein und wurden deren Kreisvorsitzender in Diepholz. Bald darauf waren Sie stellvertretender Kreisvorsitzender der CDU in Diepholz und danach in Vechta. Der Versuch, 1978 in den Niedersächsischen Landtag zu kommen, scheiterte allerdings. Was hat Sie damals als aufstrebender Wissenschaftler dazu angetrieben, sich der Politik nicht nur theoretisch, sondern ganz praktisch zu widmen? Fühlten Sie sich beruflich nicht ausgelastet?

Wenn es Phasen gab, in denen ich mich nicht ausgelastet fühlte, habe ich ganz schnell eine zusätzliche Tätigkeit gefunden. Ich bin 1972 mit fast zweiunddreißig Jahren in die Junge Union eingetreten und wenige Jahre später in die CDU. Ich habe es immer für wichtig gehalten, dass man sich in der Politik erst dann, wenn man es überhaupt will, engagiert, wenn die berufliche Ausbildung beendet und die Existenz gesichert ist. Außerdem habe ich mich lange gewehrt, als Politikwissenschaftler in eine Partei einzutreten, weil ich mir sagte: Das kann nicht gut sein, du musst neutral bleiben in der Vermittlung wissenschaftlicher Erkenntnisse, die dürfen nicht parteipolitisch gefärbt sein. Gleichzeitig erlebte ich aber in der Zeit der großen Euphorie in der Brandt-Ära, wie viele Kollegen in die SPD eintraten. Deshalb fragte ich mich: Warum muss diese politische Seite die einzige sein, die sich aktiv politisch betätigt? Dazu kam ein weiterer Grund: Als ich im Gründungsausschuss der Universität Osnabrück war, habe ich häufiger mit CDU-Politikern in herausgehobenen Ämtern gesprochen und um Unterstützung für unsere Minderheitenposition gebeten, zum Beispiel, wenn wieder ein Ideologe und kein ausgewiesener Wissenschaftler berufen werden sollte oder wenn es das erklärte Ziel war, den Inhalt eines Studienganges nach politischen Gesichtspunkten zu organisieren. Meine Gesprächspartner fragten mich dann immer ziemlich schnell: Sind Sie eigentlich in einer Partei? Ich habe gemerkt, dass bei meiner Antwort »Nein« die Zurückhaltung für eine Unterstützung schnell spürbar war.

Insofern war das alles für mich auch ein interessantes Lernfeld. Ich wollte wissen, ob Theorie und Praxis in dem Sinne vereinbar sind, dass man politische Wissenschaft lehren und praktische Politik betreiben und ob man aus der Wissenschaft gewisse Kenntnisse und Informationen in die praktische Arbeit der Politik hineinnehmen kann.

Hatten Sie Vorbilder in der CDU?

Konrad Adenauer hat mich immer fasziniert. Ich habe sehr früh seine Biografie gelesen. Insbesondere der Lebensabschnitt im Dritten Reich hat mich beeindruckt. Ein ähnliches Schicksal unter den italienischen Faschisten war auch dem italienischen Staatsmann Alcide De Gasperi beschieden, für den ich mich ebenfalls früh interessierte. Man versteht vor diesem Hintergrund, warum Adenauer und De Gasperi, wenn sie sich trafen, immer zuerst die heilige Messe besucht haben. Helmut

Kohl war damals nicht mein Vorbild, aber ich habe ihn später geschätzt, auch bewundert wegen seiner Arbeitsintensität und seines Durchstehvermögens, das allerdings nicht selten mit viel Ellbogen und Rücksichtslosigkeit verbunden war. Ernst Albrecht, den späteren Ministerpräsidenten von Niedersachsen, habe ich ebenfalls geschätzt wie auch Wilfried Hasselmann, den CDU-Landesvorsitzenden in Niedersachsen. Aber die Vorbildfrage für meine eigene politische Aktivität ist keine entscheidende Frage gewesen. Erprobe mal die Situation, ob du als Wissenschaftler für die praktische Politik geeignet bist – darum ging es. Ich habe diese Herausforderung gewollt und angenommen.

Diese Probe hing schon bald entscheidend vom Landtagsmandat ab. Das hat zweimal nicht geklappt. Was waren die Gründe dafür? Wirkten Sie auf die Leute zu intellektuell oder fehlte Ihnen der niedersächsische Stallgeruch?

Natürlich kann man mit einem Ortsvorsitz oder einem stellvertretenden Kreisvorsitz zufrieden sein, wenn man Politik aktiv gestalten will. Doch irgendwann wird man versuchen, ein Mandat zu bekommen, um auch als Abgeordneter politisch gestalten zu können. Wir haben zuerst in Diepholz gewohnt, knapp fünfzehn Kilometer von Lohne entfernt. Diepholz war fast ausschließlich evangelisch. Das umgekehrte Spiegelbild war im Landkreis Vechta zu sehen, der mit großer Mehrheit katholisch war. Das Moor zwischen den Städten trennte die Konfessionen (lacht). Mein erster Versuch, Landtagsabgeordneter zu werden, erfolgte 1974 in Diepholz. Dort hörte der CDU-Landtagsabgeordnete, den ich gut kannte und mit dem ich ein gutes Verhältnis hatte, damals auf. Der Kreisvorstand bat um Bewerber. Ich habe Interesse gezeigt und mich gemeldet. Alle

Bewerber, es waren fünf oder sechs, wurden vom Kreisvorstand zu einer Anhörung einzeln eingeladen. Es gab zu jedem Kandidaten einen kurzen Satz, der im Protokoll dieser Sitzung vom Kreisvorstand als Ergebnis formuliert wurde. Bei mir stand: »Werner Münch ist ohne Frage der geeignetste Kandidat, aber er ist katholisch.« Damit war das Mandat in Diepholz erledigt. Tatsache ist: Die Religionszugehörigkeit hat Anfang/Mitte der 70er-Jahre in Niedersachsen durchaus noch eine Rolle gespielt. Das wurde auch an einer intensiv und kontrovers geführten öffentlichen Diskussion deutlich, als Werner Remmers in der Ära der Regierung Albrecht nach vielen Jahren der erste katholische Kultusminister in Niedersachsen wurde.

Haben Sie damals als Politiker, wenn Sie schon dieses Image hatten, die Religion besonders in Ihr Wirken integriert?

Es war kein besonderes Image, aber meine Religionszugehörigkeit war bekannt. Und es gibt auch eine schöne Anekdote, die beweist, dass ich sie nicht versteckt habe: In der Familie meiner Frau gab es zwei Ordensfrauen. Eine Ordensfrau war in Fulda bei den Maria-Ward-Schwestern und als Studienrätin dort am Gymnasium tätig: Tante Canisia. Sie hatte gesundheitliche Probleme und deshalb von ihrer Oberin die Genehmigung bekommen, in den Sommerferien eine Zeit lang bei uns zu Hause Urlaub zu machen, weil sie dort ja ärztliche Betreuung durch meine Frau hatte. Diese Tante Canisia war an dem, was ich politisch so tat, sehr interessiert, und deshalb hat sie mich sogar zu Wahlveranstaltungen begleitet. »Da kommt er wieder mit seiner schwarzen Nonne«, wurde dann gesagt. Schwester Canisia setzte sich in die erste Reihe und hing wie ein »Karbolmäuschen« an meinen Lippen. Sie hatte da gar keine Hemmungen und ich auch nicht.

Später wohnten wir in Lohne, Landkreis Vechta. Da war, wie gesagt, die Religionssituation eine völlig andere. Dort habe ich acht Jahre später, 1982, unter anderen Bedingungen für das Landtagsmandat kandidiert. Als Angreifer! Da gab es nämlich einen Landtagsabgeordneten, einen Geschäftsmann, der schon mehrere Perioden im Landtag hinter sich hatte. Er war der »Platzhirsch«, der sein Mandat verteidigte, und ich war der Meinung, es müsste mal einen Wechsel geben. Dabei wurde in der Tat von den Einheimischen die Diskussion geführt: »Was wollen wir mit einem von außen? Einem Zugereisten?« Südoldenburger ist man schließlich, weil man von Geburt an in Südoldenburg gewohnt hat, so wie ein echter Insulaner auf Wangerooge nur der ist, der nicht nur auf der Insel aufgewachsen ist, sondern auch dort statt auf dem Festland geboren wurde. Aber durch meine aktive Arbeit in der Partei war ich natürlich bekannt. Ich erhielt dann schließlich bei der Abstimmung auf dem Kreisparteitag von den Delegierten deutlich mehr Stimmen, als der Abgeordnete und viele seiner Freunde es prognostiziert hatten. Daraufhin fand ein Umdenken statt. Er und viele andere in der CDU sagten sich: Wieso sollen wir den Werner Münch eigentlich bekämpfen oder fernhalten? Schauen wir mal, ob irgendwann irgendwo etwas frei wird, wo wir ihn einsetzen können. Das war kein Sieg für mich, aber ein sportliches Ereignis. Ich habe die Politik oft unter sportlichen Gesichtspunkten gesehen und deshalb auch gerne Auseinandersetzungen geführt. Wettbewerb ist im Übrigen nach meinem Verständnis in einer Demokratie selbstverständlich.

Hat es Ihnen Spaß gemacht, rhetorisch hart auszuteilen?

Ja. Es hat mir Spaß gemacht. Ich habe immer dafür plädiert, in der Politik dem Bürger klare Botschaften zu vermitteln. Man muss das, was man will und was einen von anderen unterscheidet, von wem auch immer, deutlich benennen. Für den diplomatischen Dienst wäre ich mit Sicherheit völlig ungeeignet gewesen. Aber ich habe einen politischen Gegner nie persönlich diffamiert.

Musste Ihre Frau Sie manchmal bremsen oder teilte sie Ihre politischen Auffassungen?

Meine Frau hat die Politik, die ich betrieben habe, akzeptiert, sie hat sie auch inhaltlich geteilt. Sie war vor mir Mitglied der Jungen Union, sie hat vor mir für Konrad Adenauer gekämpft, sie war vor mir Mitglied in der CDU, sie ist früher als ich aus der CDU ausgetreten. Ich bin ihr immer »gefolgt«. Ich war immer später dran als sie. In dem Augenblick aber, wo ich politische Ämter übernahm, hat sie mir das politische Feld überlassen. Sie war immer sehr interessiert. Sie hat mir ihre Ansichten, zustimmend oder abweichend, gesagt, aber mich in meinen Entscheidungen nicht zu beeinflussen versucht.

War eigentlich damals schon etwas von der sogenannten Politikverdrossenheit zu spüren, wenn Sie mit den Bürgern Kontakt hatten? Oder war das damals noch nicht so schlimm?

Meiner Erinnerung nach ist das Interesse für Politik nie besonders groß gewesen, obwohl es auf den unteren Ebenen noch am stärksten war. Dazu eine Anekdote: Es ging damals um einen Landtagswahlkampf. Stellen Sie sich vor, Sie machen wochenlang Wahlkampf, jeden Sonnabend sind Sie auf dem Marktplatz in Lohne mit einem Stand mit Informationsmaterialien, Gästen und Gesprächen mit den Bürgern. Am Sonnabend vor dem Wahltag hat mich abends aus einer Gaststätte ein Bürger von Lohne angerufen und gefragt: »Sagen Sie mal, wir sitzen hier gerade, trinken Bier und streiten uns darüber, was morgen eigentlich für eine Wahl ist: Landtag, Bundestag oder was anderes?« Da haben Sie also wochenlang, auch mit Plakatierung, auch auf dem Marktplatz, wo sich diese Gaststätte befand, sogar direkt *vor* dieser Kneipe, Wahlkampf gemacht, und so gut sind die Informationen angekommen.

Aber es gab auch Ausnahmen bezüglich des Interesses der Bürger für Politik: die neue Ostpolitik in der Zeit von Willy Brandt, die Diskussionen über die Stationierung von atomaren Waffen in Deutschland in der Zeit von Helmut Schmidt oder in der Kohl-Ära die Frage der deutschen Einheit. In den genannten Zeiten war das Interesse der Bürger für Politik ziemlich hoch.

Gut, das waren Ausnahmefälle, aber lässt sich angesichts einer solchen, von Desinteresse geprägten Mentalität denn überhaupt das Subsidiaritätsprinzip, das in der katholischen Soziallehre eine so große Rolle spielt, verwirklichen?

Ich denke ja, aber es hängt vom jeweiligen Politiker und seinem Engagement ab. Dazu ein Beispiel aus der Kommunalpolitik: Ich war im Jahr 1981 in den Kreistag gewählt worden und habe das auch trotz des Mandates im Europäischen Parlament bis zum Ende der Periode, also 1986, zu Ende geführt. In diesen fünf Jahren war ich im Kreistag Vorsitzender des Schulausschusses. Bildungspolitik war immer ein großes, zentrales Interessengebiet von mir. Die Kommunen sind ja auf der Gemeinde- oder auf der Kreisebene – jedenfalls damals waren sie es – häufig Schulträger. Wenn, wie im Kreis Vechta, der Landkreis Träger von verschiedenen Schulformen ist, hat der Ausschuss des Kreistages natürlich eine ganze Menge mitzudiskutieren und zu entscheiden. Ich habe damals mit dem Verantwortlichen des Landkreises, also mit dem Beamten, der für Schulfragen zuständig war, erst mal eine »Schulbereisung« gemacht. Wir haben alle Schulen des Landkreises besucht, für die der Landkreis politisch zuständig war. Ich habe mir – die Gesprächspartner waren natürlich vorher informiert – die Schule zeigen und die Sorgen vortragen lassen. Das war etwas, was man überhaupt nicht kannte. Ich bestand darauf, dass ich als Kreisratsmitglied zu den Sitzungen der Stadtratsfraktion der CDU in Lohne eingeladen wurde, was auch geschah, damit ich wusste, was im Bildungsbereich auf der untersten Ebene erörtert wurde. Außerdem war ich Vorsitzender des CDU-Stadtverbandes. Also: Die Kommunalpolitik war in der Zeit – ich weiß nicht, ob es heute noch so ist – eindeutig subsidiär angelegt, und zwar nicht nur in der Schulpolitik. In der Europäischen Union wissen viele mit dem Wort Subsidiarität nichts anzufangen. Da gilt die Devise bei vielen: Die Probleme Europas sind nur lösbar mit »Mehr Europa«. Ich halte diesen Ansatz für verfehlt.

Ist es Ihnen damals eigentlich schwergefallen, komplexe Inhalte so zu vereinfachen, dass sie möglichst jeder Zuhörer versteht?

Gibt es eine solche Vereinfachung denn wirklich? Das war für mich damals durchaus eine Frage. Einfachheit – oder besser gesagt –, die Vermittlung von politischen Inhalten ist auch eine Frage der sprachlichen Begabung und Disziplin: Kann ich Inhalte, auch komplexe Inhalte, einem viel weniger informierten Bürger vermitteln oder nicht? Meine Antwort lautet: Ja. Ich habe Inhalte nie falsch dargestellt, weil ich dachte, du musst sie ganz einfach und nie zu langatmig schildern, weil sie sonst der Bürger nicht versteht. Nein, nein, der Bürger versteht die Probleme schon! Wir müssen sie ihm nur erklären. Die Vermittlung von Inhalten in der Politik ist eine Frage der Disziplin, die man lernen kann.

6. Kapitel
»Es ist für uns alle das Beste«:
Europapolitik

Mit dem Niedersächsischen Landtag hat es bei Ihnen nicht geklappt. Dafür waren Sie bei der zweiten Direktwahl zum Europaparlament erfolgreich. Im Jahr 1984 wurden Sie Mitglied des Europaparlaments in Straßburg. Ein interessanter Schritt, auch wenn dieses Parlament damals im Vergleich zum Bundestag (und den anderen nationalen Parlamenten) noch als eher zweitrangig eingestuft wurde, weil das Projekt Europa zu stagnieren schien. Woher kam bei Ihnen die plötzliche Begeisterung für die Europäische Union (EU, damals EG)?

Wir haben darüber gesprochen, dass ich zweimal versucht habe, ein Landtagsmandat zu erringen, dadurch politisch in der Region bekannt war, und dass die Bereitschaft der bei der Kandidatur erfolgreichen Gegenseite, dieses politische Talent in irgendeiner Weise zu fördern, vorhanden war. Im Jahr 1981 verstarb der Abgeordnete im Europäischen Parlament aus meiner Region, der auch zufällig so wie ich in Lohne wohnte. Ich sage deshalb zufällig, weil die Mandatsvergabe für das Europäische Parlament in Deutschland ja völlig anders erfolgt als diejenige für den Deutschen Bundestag oder einen Landtag. Es werden Landeslisten aufgestellt wegen der CSU, die ja eine eigene CSU-Liste in Bayern hat. Deshalb gibt es, wie in vielen anderen Ländern der EU, keine Bundesliste, sondern in allen Bundesländern Landeslisten der Parteien. Niedersachsen, wo ich gelebt habe, hatte deshalb auch eine Landesliste der CDU. Es war damals aufgrund der durchschnittlichen Stimmergebnisse sicher, dass in Niedersachsen immer vier bis fünf Abgeordnete der CDU ins Europäische Parlament kamen. Die Auswahl der Kandidaten wurde vor allen Dingen unter regionalen Gesichtspunkten entschieden. Es gab verschiedene Bezirksverbände und den Landesverband Oldenburg. Deren Delegierte mussten sich in einer Landesversammlung auf eine Landesliste einigen.

Vor dieser Aufstellung gab es im August 1983, also circa ein Jahr vor den Wahlen, die folgende nette Situation: Es fand ein großes Volksfest im Landkreis Vechta statt, der sogenannte Stoppelmarkt. Ihn feiert man, wenn das Getreide abgeerntet ist und nur noch die Stoppeln stehen. Der Haupttag dieses mehrtägigen Volksfestes mit Viehverkauf und Karussell, Bierzelten und Festrednern ist der Montag. Natürlich lässt sich auch die ganze politische Prominenz der Region an diesem Montag dort sehen. 1983 nahm unter anderem Gerhard Glup, der damalige Landwirtschaftsminister von Niedersachsen und Landesvorsitzende des Landesverbandes der CDU Oldenburg, an diesem Volksfest teil. Er wurde dort von einem Journalisten gefragt: »Herr Minister, ist es richtig, dass der Nachfolger von Franz-Josef Nordlohne, so hieß mein Vorgänger im Europäischen Parlament, Werner Münch wird?« Daraufhin schaute Gerhard Glup ihn mit seiner ganzen Bauernschläue und seinem Pokergesicht verschmitzt an und gab ihm die Antwort: »Es ist für uns alle das Beste.« Das war insofern eine sehr schlitzohrige Bemerkung, als sie verschiedene Deutungen zuließ: »Dann sind wir ihn los«, auf der einen Seite bis hin zu: »Er hat es verdient. Es ist für uns alle das Beste«, auf der anderen Seite. Es ist schon erstaunlich, wie man manche Dinge aus seinem Leben völlig verdrängt, aber andere kleine Ereignisse noch so klar vor Augen hat. In jedem Fall war damit eine Möglichkeit zur Erringung eines Mandates durch mich für die CDU des Landesverbandes Oldenburg eröffnet.

Glup setzte sich dann auch im CDU-Landesverband Niedersachsen dafür ein, dass der Landesverband Oldenburg wieder im Europäischen Parlament vertreten war. Ich bekam 1984 bei der Aufstellungsveranstaltung der CDU Niedersachsen den sicheren Listenplatz 3 und wusste, was für den Wahlkampf natürlich eine Erleichterung war, dass ich ein Mandat gewinnen würde. Es hätte bei der Wahl schon ein politisches Erdbeben geben müssen, um das zu verhindern. Ich nahm diese Kandidatur an und wurde 1984 Mitglied des Europäischen Parlaments. Bei der nächsten Wahl 1989 bekam ich dann den zweiten Listenplatz und wurde für weitere fünf Jahre wiedergewählt.

Was haben Sie getan, um als Europaparlamentarier in Straßburg und Brüssel aus dem Besten das Allerbeste herauszuholen?

Ich war im Europäischen Parlament im Bildungs-, Kultur-, Medien- und Forschungsbereich tätig, später war ich für diese Bereiche (ausgenommen Forschung, weil ich in diesem Ausschuss nur stellvertretendes Mitglied war) der Sprecher der EVP-Fraktion. Ein wichtiges Thema damals war die Dauer der Schulzeit. Werden die Chancen für die Schulabgänger in Deutschland, wo die Schuldauer damals dreizehn Jahre betrug, gegenüber anderen EU-Ländern, die eine geringere Schulzeit von elf oder zwölf Jahren hatten, erschwert oder nicht? Wir haben außerdem das bekannte internationale Studentenaustauschprogramm »Erasmus« initiiert und beschlossen, das viele Erleichterungen für die jungen Menschen, im Ausland zu studieren, mit sich gebracht hat. Wir haben im Medienbereich die damals lange diskutierte Fernsehrichtlinie mit der Kommission erarbeiten können. Das alles hat mir viel Freude gemacht, zumal ich als Mitglied den Ausschüssen angehörte, die ich mir gewünscht hatte.

Es gab und gibt im Europäischen Parlament spezielle Ausschüsse, welche den Kontakt zu allen Regionen der Welt halten: Asien, Afrika, Süd- und Mittelamerika, Nordamerika, Russland. Sie waren als Europaparlamentarier Mitglied des Lateinamerika-Ausschusses. Warum ausgerechnet Lateinamerika? Was haben Sie dabei außer interessanten Reisen so alles erlebt?

Ich hatte mir Mittel- und Südamerika nicht ohne Grund gewünscht. Ende der 1970er-Jahre war ich in meiner Zeit als Präsident der kirchlichen Hochschulen bei einem Kongress über soziale Probleme in der Welt in Puerto Rico zu Gast und hatte anschließend einen Besuch in Venezuela gemacht, weil in Venezuela ein Freund von mir der Leiter des dortigen Büros der Konrad-Adenauer-Stiftung war. Mich hatte interessiert, wie die Situation in den mittel- und südamerikanischen Ländern zu beurteilen war. Dieser Freund, Klaus Weigelt, war ein sehr gut informierter und kenntnisreicher Mann. Mit ihm zusammen schrieb ich kurz vor Beginn der Arbeit im Europäischen Parlament ein Buch mit dem Titel: »Christliche Verantwortung für eine humane Weltentwicklung. Lateinamerika – Kontinent der Entscheidung« (herausgegeben von der

Niedersächsischen Landeszentrale für politische Bildung, Hannover 1981). Mich interessierte damals vor allem, welcher Kontinent außerhalb Europas der hoffnungsvollere sei: Afrika oder Lateinamerika? Damals ist der Begriff der humanen Weltentwicklung sehr intensiv diskutiert worden. Das war auch für mich herausfordernd, weil es Staaten gab mit purem Marxismus wie etwa Nicaragua. Dann gab es Staaten, die von rechten Politikern beherrscht wurden, so zum Beispiel San Salvador, Chile und andere. Das erste Anliegen der Besuche, die wir in den Ländern Lateinamerikas machten, war, eine Entscheidungshilfe dafür zu bekommen, wie wir die Projektgelder der Europäischen Union auf die einzelnen Länder verteilen sollten. Insofern waren diese Reisen sehr viel mehr als touristische Veranstaltungen.

Haben Sie den Menschen dort konkret helfen können?

Ich kann nicht behaupten, dass ich direkt einzelnen Menschen geholfen habe. Aber ich habe indirekt helfen können, weil ich dort mit einflussreichen Politikern wie etwa dem argentinischen Präsidenten Raúl Alfonsín oder dem Diktator Ortega in Nicaragua und vielen anderen Staats- und Regierungschefs, Oppositionspolitikern und Vertretern von Menschenrechtsorganisationen lateinamerikanischer Staaten zusammengekommen bin. Den Entscheidungsträgern in der Europäischen Union konnte ich sagen, wie die politische Situation dort aussah und ob ich der Meinung war, dass eine Förderung für ein Land X berechtigt war oder nicht. Von daher war eine solche zusätzliche Aufgabe im Europäischen Parlament nicht nur für mich selbst interessant und herausfordernd, sondern sie war auch gewinnbringend, weil ich die Erfahrungen sehr häufig auch auf nationaler Ebene einbringen konnte.

So viele Jahre vor dem Vertrag von Maastricht (1992) und dem Vertrag von Lissabon (2007/2009), welche dem Europäischen Parlament mehr Bedeutung verliehen haben, konnten Sie dort aber eigentlich nicht viel beschließen. Wieso war die Arbeit des Europaparlaments in den 1980er-Jahren trotzdem wichtig und wegweisend?

Das Europäische Parlament war in seinen Machtbefugnissen im Vergleich zu den nationalen Parlamenten damals tatsächlich nicht nur weniger bedeutsam, es hatte auch eindeutig weniger Kompetenzen. Die Kompetenzen hat es sich Schritt für Schritt über viele Jahre hinweg angeeignet. Der heutige Stand ist so, dass der Europäische Rat, die Ministerräte und die Kommission längst nicht mehr allein, das heißt ohne Mitentscheidung und Kontrolle des Europäischen Parlaments entscheiden können. Aber es ist auch heute noch so: Im Parlament gibt es keine Regierungs- und Oppositionsparteien, es gibt also keine klare Machtverteilung.

Ich möchte aber auch hinzufügen, damit kein falscher Eindruck entsteht: Mich hat diese schrittweise Kompetenzerweiterung des Europäischen Parlaments nicht gewundert. Wir haben inzwischen 28 Mitgliedstaaten, die natürlich alle ihre eigenen nationalen Interessen haben. Je größer ein Parlament, desto vielfältiger wird es, desto heterogener ist die Lage und desto schwieriger ist die Entscheidungssituation. Die Demokratie, die in den Nationalstaaten entstanden ist, ist durch den Willen entstanden, nicht demokratische Regierungsformen abzulösen. Das ist auch nicht in wenigen Jahren verwirklicht worden. Insofern bin ich, was die weitere Entwicklung in dieser Hinsicht betrifft, nicht ganz pessimistisch. Von 1990, als ich das Europäische Parlament verlassen habe, bis heute hat dieses Parlament erneut erheblich an Bedeutung gewonnen.

Wie bewerten Sie die Arbeit des französischen Sozialisten Jacques Delors, welcher der Europäischen Kommission als Präsident von 1985 bis 1995 vorstand? Delors – mittlerweile ist er Ehrenbürger Europas – gilt als wichtiger Förderer der europäischen Integration.

Jacques Delors war Sozialist. Er war vorausschauend, ein strategischer Denker. Jacques Delors hat für mich zusätzlich bleibende Verdienste erworben, weil er in der deutschen Wiedervereinigungsfrage von der französischen Seite her die entscheidende Rolle gespielt hat. Mitterand war nicht derjenige, der von Anfang an Helmut Kohl begeistert auf die Schulter geklopft und gesagt hat: Ich wollte schon immer die Wiedervereinigung. Mitterand musste dazu gebracht werden, was Jacques Delors gelungen ist. Er war der entscheidende Mann, der Mitterand zu einer anderen Position gebracht hat. Und dies war deshalb enorm wichtig, weil ja auch Margaret Thatcher gegen die deutsche Einheit war und Giulio Andreotti in der Phase des Ringens um die Zustimmung zur deutschen Einheit sagte, dass er Deutschland so sehr liebe, dass er gerne auf Dauer »zwei Deutschland« hätte. Insofern war die Zustimmung Frankreichs außerordentlich wichtig.

Bereits in den 1980er-Jahren hat die Perspektive eines grenzenlosen »Europäischen Binnenmarktes« eine wichtige Rolle gespielt. So berechtigt es sicherlich ist, auf die merkantilen Faktoren zu setzen: Hat man dabei nicht die Wertefrage vernachlässigt?

Das Ziel war relativ früh der Binnenmarkt, aber in dreifacher Weise: freier Verkehr von Waren, Dienstleistungen und Personen, das heißt: angefangen von Zollfragen bis hin zu

Fragen der freien Auswahl von Versicherungen, der Bildungsabschlüsse, die gegenseitig anerkannt werden sollten, sodass jemand mit einem deutschen Abitur auch in einem anderen europäischen Land studieren konnte und *vice versa*. Das sind Fragen, die schon erheblich über das Merkantile hinausgehen. Aber es stimmt: Die Wertefrage ist in den 1980er-Jahren vernachlässigt worden. Sie hatte vor allem die Gründungsphase der Europäischen Union beeinflusst. Wenn Konrad Adenauer, Robert Schuman und Alcide De Gasperi nicht ein identisches Wertefundament gehabt hätten, wäre Europa ein völlig anderes Gebilde geworden.

Die Gründung einer Organisation ist schließlich zentral abhängig von Grundüberzeugungen. Eine entscheidende Frage war damals die nach der »Seele Europas«, ein Begriff, den Romano Guardini geprägt hat. Der Zweite Weltkrieg hatte ja nicht nur mit Ideologien wie dem Nationalsozialismus, Faschismus, Kommunismus und anderen Ismen zu tun, sondern es war ja auch eine Frage des gegenseitigen Misstrauens. Jetzt waren gegenseitiges Vertrauen und gemeinsame Wertüberzeugungen gefragt. Wenn man heute daran erinnert und wenn man den richtigen Eindruck hat, dass heute die Europäische Union häufig auf ökonomische Fragen reduziert wird, dann muss man schon bereit sein zuzugeben, dass die Frage des Wertefundaments nichts mit übertriebener Religion oder überzogener Christlichkeit zu tun hat. Eine Organisation, die ohne Wertekonzept lebt, kann auf Dauer nicht existieren. Toleranz und Vielfalt allein sind unzureichend. Ich halte deshalb das Fragen nach gemeinsamen Überzeugungen für außerordentlich wichtig. Der Frieden, die Demokratie und die Menschenrechte sind stets mit Werten verknüpft; Vertrauen, das in der internationalen Zusammenarbeit eine große Rolle spielt, ebenso. Die christlichen Wertvorstellungen müssen in

Europa und insbesondere in der EU bei der Politikgestaltung wieder eine größere Rolle spielen. Nicht die Toleranz ist die »Seele Europas«, wie Bundeskanzlerin Merkel vor dem Europäischen Parlament gesagt hat, sondern unsere christlich-humanistische Geschichte und Kultur.

Es gab in den 1980er-Jahren, also während Ihrer Zeit im Europäischen Parlament, noch nicht so viele Mitgliedsländer, wie wir sie heute haben. Vieles war kleiner und übersichtlicher. Hatten Sie denn mit Blick auf die Abstimmungsprozesse innerhalb der verschiedenen EU-Institutionen dennoch hin und wieder den Eindruck, in einem überbordenden Regulierungsapparat tätig zu sein? Dieser Vorwurf ist heute öfter zu hören in Richtung Brüssel und Straßburg.

Vielleicht dürfen wir uns einen Moment lang ein paar Zahlen vor Augen halten: Die Europäische Union hat als EWG (Europäische Wirtschaftsgemeinschaft) mit sechs Staaten angefangen und bis 1972 ist es bei diesen ersten sechs Staaten geblieben. Bis 1980 haben wir eine Erweiterung auf neun Staaten gehabt, also in acht Jahren drei weitere. Wir haben bis 1985 in fünf Jahren eine Erweiterung um einen Mitgliedstaat gehabt – da waren es zehn. Bis 1994 waren es zwölf, bis 2004 innerhalb von zehn Jahren von zwölf auf fünfzehn Mitgliedstaaten waren es drei weitere, bis 2006 in zwei Jahren zehn weitere Mitgliedsländer. Das war der überehrgeizige Kommissar Verheugen, der unbedingt ein Erfolgserlebnis brauchte – ich weiß nicht, ob das eine Folge seines Parteiwechsels gewesen ist. Wenn man mit zehn Beitrittskandidaten in zwei Jahren einen EU-Beitritt verhandelt und die Inhalte des *Acquis communautaire*, das heißt die Rechtsgrundlagen der EU kennt, die jeder Mitgliedstaat, der EU-Mitglied werden will, erfüllen muss, dann weiß man, dass dabei keine guten und schon gar keine optimalen Beratungsergebnisse herauskommen konnten. Wir haben dann ja noch einmal eine Erhöhung auf 27 gehabt bis 2013. Seit Juli 2013 waren es 28. Wir haben weitere Mitgliedskandidaten, die alle problematisch sind – Albanien, Mazedonien, Montenegro, Serbien –, von der Türkei will ich gar nicht reden. Viele offene Fragen.

Wenn ich mir etwa die Tschechische Republik und die Slowakei ansehe, ist die Frage der Gültigkeit der Benes-Dekrete bis heute nicht ausdiskutiert worden. Es gibt andere Fragen, die nicht entschieden worden sind und die wir dann in der konkreten Politik, hin und wieder auch im Europäischen Parlament, erleben. Also: Die Erweiterung der EU ist in den vergangenen beiden Jahrzehnten sehr großzügig und teilweise inhaltlich oberflächlich verhandelt und zum Abschluss gebracht worden. In der Zeit haben viele Beamte ihre Machtpositionen erweitert, das heißt, die Bürokratie ist stärker geworden. Natürlich können nicht alle juristischen Fachfragen von Abgeordneten gelöst werden. Aber mit jeder eigenständigen Verhandlung der Bürokratie erhöht sich ihre Bedeutung. Manches, was wir heute an Bürokratiefolgen haben, ist auch aus dieser Zeit der Erweiterungen zu erklären. Und an dem häufigen Ruf »Mehr Europa« merken wir, dass die Begehrlichkeiten insbesondere der EU-Kommission noch lange nicht gestillt sind.

Man wirft diesem Apparat oft vor, abgehoben zu sein von den wirklichen Sorgen und Problemen der Bürger Europas. Was haben Sie damals gemacht, um mit diesen normalen Bürgern und ihren Problemen in Kontakt zu bleiben?

Der Abgeordnete eines Parlaments – gleichgültig auf welcher Ebene – hat völlig andere Aufgaben als ein Beamter in der Verwaltung eines Parlaments. Meine Aufgabe war es, mit den Bürgern in der Region, für die ich politisch verantwortlich war, über Europa zu sprechen und ihnen Vorgänge, die sie nicht verstanden hatten, deutlich zu machen. Ich war zuständig für sechs Landkreise und die drei kreisfreien Städte Oldenburg, Wilhelmshaven und Delmenhorst. Im Norden zum Beispiel war ein anderer Abgeordneter, nämlich Hans-Gert Pöttering, für die Region Osnabrück-Emsland zuständig. Was habe ich tun können? Ich habe mit den Bürgern gesprochen, habe häufig Kreisbereisungen gemacht, mir die Sorgen und Probleme der Landräte, Kreis- und Stadtdirektoren in den kreisfreien Städten angehört. Darüber hinaus habe ich als für die Bildungspolitik Zuständiger für Jugendliche einen Kulturpreis ausgelobt. Diese jungen Menschen sollten z. B. einmal Plakate entwerfen, wie man für die Europäische Union werben kann. Außerdem habe ich Schülerwettbewerbe mit Themen über Europa ausgelobt, die auch mit einem Preis verbunden waren.

Kamen Sie beim Europa-Erklären manchmal an Ihre Grenzen?

Na ja, wenn zum Beispiel auf europäischer Ebene die Form einer Gewürzgurke diskutiert und entschieden wurde und wenn darüber debattiert wurde, wie weit der Abstand zwischen

Lenkrad und Sitz auf einem landwirtschaftlichen Traktor sein muss, dann war das – gerade wenn man die Körperfülle der Oldenburger Landwirte kennt – nicht immer ganz einfach zu vermitteln (lacht). Es gab manche absurde Entscheidungen, bei denen ich auch nur zugeben konnte: Unsinn. Gerade im Bereich Landwirtschaft. Die Begründung »Einheitlichkeit« ist nicht immer vernünftig. Auf solche Entscheidungen habe ich aber keinen Einfluss gehabt. Es war die EU-Kommission oder irgendein Ministerrat, der dafür verantwortlich war. Aber eben auch mit den Stimmen der zuständigen Minister aus den Nationalstaaten, die dann aber zu Hause nichts mehr davon wissen wollten und »Europa« die Schuld gaben.

Wie war denn die Atmosphäre im Europäischen Parlament mit Blick auf die verschiedenen Fraktionen, die verschiedenen Nationen und deren Vertreter, die man dort finden konnte? Waren bestimmte Nord-Süd-Konfliktlinien, wie sie heute vorliegen, schon erkennbar? Waren die Briten schon damals exzentrischer als andere Nationen? Was war Ihr Eindruck?

Einen Nord-Süd-Konflikt gab es damals nicht. Die Briten spielten immer eine Sonderrolle und verlangten für ihr Land auch häufig besondere Konditionen. Die britischen Konservativen waren zu meiner Zeit nicht Mitglied der EVP-Fraktion; sie waren nicht Mitglied in der Europäischen Volkspartei, der Gemeinschaft der christdemokratischen Parteien, sondern sie haben eine eigene Fraktion allein oder mit anderen gebildet. Bei den Abgeordneten habe ich natürlich unterschiedliche Mentalitäten, Charaktere und Politikstile erlebt. Es gab ideologisch verhärtete Kommunisten, aber natürlich auch den einen oder anderen, der sehr charmant war. Ich habe einen

Belgier erlebt, der immer nur über die Luxemburger Witze machte, und einen Luxemburger, der sich über die Belgier amüsierte. Es gab Italiener, die viel redeten, aber immer an der Sache vorbei, und es gab Griechen, bei deren Wortbeiträgen wir meistens nicht zuhörten, weil wir davon ausgingen, dass es ohnehin nur Rhetorik war. Aber Nord-Süd-Konflikte im heutigen Sinne gab es damals noch nicht. Der Nord-Süd-Konflikt ist erst entstanden nach der Lockerung der Verträge, insbesondere im Zusammenhang mit der *No-Bail-Out-*Klausel, das heißt: Kein Mitgliedstaat ist für die Schulden eines anderen Mitgliedstaates verantwortlich. Diese Vertragsbestimmung ist gedehnt, uminterpretiert und vertragswidrig vollzogen worden – unabhängig von der EZB-Politik, die dann auch noch mit riesigen Anleihekäufen und Niedrigzinsen in Erscheinung trat, was für Nationalstaaten, die verschuldet sind, natürlich besonders attraktiv ist, weil sie keine Zinsen bezahlen, wenn sie sich auf dem Kapitalmarkt Geld leihen. Sie sind selbstverständlich versucht, das als eine Dauerlösung anzusehen und die notwendigen Reformen immer weiter hinauszuzögern. Ich weiß bis heute nicht, wie man da wieder herauskommen will. Ich glaube, dass Deutschland inzwischen mit über 800 Milliarden Euro innerhalb der Europäischen Union haftet. Das ist völlig inakzeptabel und wird noch zu harten Auseinandersetzungen führen.

Manchmal kann man den Eindruck haben, dass die Christdemokraten und die Sozialisten auf der europäischen Ebene sehr harmonisch miteinander umgehen, wobei es meist die politische Agenda der Linken ist, die sich durchsetzt. Trügt dieser Eindruck, den der frühere Innenminister der Slowakischen Republik, Vladimír Palko, in seinem Buch »Die Löwen kommen« darlegt? Wie haben Sie als jemand, der im Vorstand der deutschen Gruppe der Unions-Abgeordneten in der EVP war, die Arbeit der EVP-Fraktion empfunden?

Das Europäische Parlament war zu meiner Zeit geprägt von fairen Absprachen der zwei großen Koalitionen, der EVP und der sozialistischen Fraktion (SPE). Beide wurden zu meiner Zeit von deutschen Fraktionsvorsitzenden geführt. Bei den Sozialisten war es Rudi Arndt aus Hessen, bei der EVP-Fraktion Egon Klepsch aus Rheinland-Pfalz. Beide wussten ganz genau, dass einigermaßen vernünftige Entscheidungen nur dann zustande kommen konnten, wenn versucht wurde, Kompromisse zu finden. Wenn das damals nicht funktioniert hätte, wäre manches durcheinandergelaufen. Es hat funktioniert. Es war natürlich eine zufällige, aber gute Konstellation, dass zwei Deutsche Vorsitzende der beiden größten Fraktionen waren, weil Absprachen leichter möglich waren, als sie in einer internationalen Besetzung möglich gewesen wären. Ich sage nicht, dass sie unmöglich gewesen wären, aber sie wären schwerer gewesen, weil nationale Interessen immer eine Rolle spielen, auch wenn viele Europaabgeordnete das abstreiten. Vladimir Palko legt in seinem Buch »Die Löwen kommen« vor allem den Finger in eine ganz andere Wunde, nämlich in wie vielen Ländern und Regierungen Christdemokraten beteiligt waren oder sogar die Initiative ergriffen haben, Abtreibungen gesetzlich zu regeln und den Familienbegriff neu zu definieren. Sie waren vielfach »Täter« und nicht nur »Opfer«.

Christdemokraten und Sozialisten scheinen sich weiterhin aber auch international gut zu verstehen.

Es gab auch eine andere Verabredung: Das Europäische Parlament hat eine Periode von fünf Jahren bis zur nächsten Wahl. Und jede Position im Europäischen Parlament, vom Parlamentspräsidenten bis zum letzten stellvertretenden Ausschussvorsitzenden, ist immer zur Hälfte der Fünfjahresperiode neu zu besetzen. Was den Parlamentspräsidenten betrifft, war die Absprache zwischen der EVP und der SPE so: Nach zweieinhalb Jahren wird nach dem EVP-Präsidenten ein Sozialist Präsident und umgekehrt. Martin Schulz hat mit großen Machtambitionen diese Regel durchbrochen, indem er der Öffentlichkeit den angeblichen Spitzenkandidaten bei der Europawahl 2014 vorgesetzt hat. Er hat mit Jean-Claude Juncker Absprachen getroffen, und die beiden – Christdemokrat der eine, Sozialdemokrat der andere – haben schon vor dem Wahltag Postenverteilung betrieben. Ich bin mir ziemlich sicher, dass Martin Schulz noch für eine dritte Zweieinhalbjahresperiode gekämpft hätte, wenn er nicht zum Kanzlerkandidaten seiner Partei ernannt worden wäre. Also: Es stimmt, wenn man darauf hinweist, dass durch diese Konstellation der beiden deutschen Fraktionsvorsitzenden die Kompromissfindung und das Harmoniestreben sehr weit, manchmal sicher auch zu weit gingen.

Sie haben Hans-Gert Pöttering erwähnt, der ebenfalls als Vertreter Niedersachsens im Europaparlament saß, später war er Präsident des Europäischen Parlaments und Vorsitzender der Konrad-Adenauer-Stiftung. Ein überzeugter Katholik wie Sie. Wie war die Zusammenarbeit mit ihm?

Ich stimme nicht kritiklos zu, wenn Hans-Gert Pöttering als entschiedener Katholik mit mir verglichen wird. Er hat wesentlich die Berufung von Kommissar Rocco Buttiglione mitverhindert. Das ist zwar nie so öffentlich geworden, aber ich weiß, wie die Befragungen von Buttiglione im Parlament gelaufen sind – sie sind ja auch dokumentiert, und ich weiß, wie nachher die Absprachen und Diskussionen in den Gruppen und Fraktionen erfolgt sind. Wenn Pöttering ein so überzeugter Katholik wäre, dann hätte er sich für diesen Bewerber eingesetzt, der eine hohe wissenschaftliche Anerkennung genießt: Buttiglione, ein hervorragender, international anerkannter Jurist, welcher der Kandidat Italiens für das Amt eines Kommissars war, ist in der Anhörung bekanntlich gefragt worden, wie er zur Homosexualität stehe. Er antwortete, dass er sie persönlich ablehne und für eine Sünde halte, für den Fall aber, dass er als Kommissar gewählt und bestätigt werde, sich natürlich an die Gesetze der Europäischen Kommission halten werde. Für diese Antwort ist er abgestraft und nicht gewählt worden.

Meine Zusammenarbeit mit Pöttering war auf ein notwendiges Minimum beschränkt, weil er immer Wert auf den Hinweis gelegt hat, der »Spitzenkandidat« auf der CDU-Liste in Niedersachsen zu sein, woraus natürlich keinerlei Sonderrechte abzuleiten waren. Bei den niedersächsischen CDU-Abgeordneten gab es damals wegen seines Verhaltens immer ein gewisses Schmunzeln. Wir benutzten – das ist nicht von mir geprägt worden – gern das Wort »Staatsmann« für Hans-Gert Pöttering, weil er so aufgetreten ist. Wie immer man zu Martin Schulz steht, das Präsidentenamt ist zu seiner Zeit aus Sicht des Parlaments viel wirkungsvoller ausgeübt worden als in der Zeit der Präsidentschaft von Hans-Gert Pöttering.

Pöttering war fast vierzig Jahre im Europäischen Parlament. Es gibt andere solcher Urgesteine, wie zum Beispiel Elmar Brok. Ist eine solche ununterbrochene Dauerpräsenz eigentlich gut für das demokratische Klima?

Nein, das ist überhaupt nicht gut! Wir können ja auch nationale Abgeordnete nennen wie Wolfgang Schäuble. Nein, es ist nicht gut. Aus mehreren Gründen. Manche haben mit einer politischen Tätigkeit oder sofort mit dem Mandat des Abgeordneten nach ihrem Studium angefangen und vorher nichts anderes gemacht. Das Weltbild der Person des Abgeordneten wird bei so vielen Jahren eingeengt. Außerdem können sie sich auch nur halten, wenn sie die Entscheidungsträger in der nationalen Politik nicht nur akzeptieren, sondern sie auch nicht kritisieren. Sonst halten sie sich nicht so lange als Abgeordnete. Wenn solche »Dauerabgeordneten« dann zusätzlich auch noch Lobbyisten-Tätigkeiten übernehmen wie der von Ihnen erwähnte Elmar Brok, der viele Jahre für die Bertelsmann-Stiftung arbeitete, finde ich das hochproblematisch. Ich wäre nie auf die Idee gekommen, während meiner aktiven Zeit als Parlamentarier irgendwelche Lobbyisten-Tätigkeiten anzunehmen und mich dadurch in Abhängigkeiten zu begeben. Ich habe mein Mandat anders definiert.

Sie haben schon über Ihre Tätigkeit als Parlamentarier und Ausschussmitglied gesprochen. Konnten Sie dabei eigentlich auch christliche Werte weitertragen? Haben Sie es versucht – im Bereich Bildung, Kultur und Medien?

Ich würde meine Tätigkeit überhöhen, wenn ich jetzt irgendwelche Bemerkungen zu christlicher Fundierung machen würde. Die christliche Position stand bei Fragen der Bildungspolitik, also wie viele Schuljahre in den Nationalstaaten bis zum Abitur festgelegt werden sollen, nicht zur Debatte. Wenn ich ein Studentenaustausch-Programm auflegte, dann musste ich darauf achten, dass ich die organisatorischen, die finanziellen Möglichkeiten, die Anerkennung von Praktika und Abschlüssen regelte. Bei der Fernsehrichtlinie diskutierten wir auch Fragen des Programms, also inhaltliche Fragen, aber wir waren uns von vornherein darüber im Klaren, dass Programminhalte keine internationale Regelung erfahren können, sondern dass diese der nationalen Entscheidung vorbehalten bleiben müssen. Damals hat sich das Parlament auch nicht mit Fragen beschäftigt, wie es dies heute tut und für die es nach den Verträgen keinerlei Kompetenz hat, zum Beispiel mit dem Lebensschutz oder der Ehe und Familie. Es gab also in meiner konkreten Arbeit in dem von Ihnen genannten Sinne keine besonderen Herausforderungen, denen ich mich hätte stellen müssen.

Wie war das denn als Sprecher der EVP-Fraktion? Mussten Sie vor den Kameras und Mikros manchmal Dinge sagen, hinter denen Sie nicht standen? Von denen Sie selbst nicht überzeugt waren?

Nein, das hätte ich nicht gemacht. Ich bin auch nie aufgefordert worden, das zu tun, das hat nie jemand von mir erwartet. Es gab ein ehernes Gesetz in unserer Fraktion, dass der Sprecher für einen bestimmten politischen Bereich wirklich nur der Sprecher der Fraktion in diesem Bereich war und in Fragen anderer Ausschüsse nicht das Wort zu ergreifen hatte. Nicht jeder hat sich an diese Vorgabe gehalten, weshalb es hin und wieder zu Auseinandersetzungen kam, in die ich aber nicht involviert war. Ich bin, wie gesagt, nie zu Aussagen verpflichtet worden – und es hat auch keine Versuche dazu gegeben –, die ich inhaltlich nicht hätte mittragen können. Ich hätte sie auch nicht gemacht. Ich hätte mich geweigert und auch meinem Fraktionsvorsitzenden gesagt, einen anderen zu bitten, ein solches Interview zu geben.

Sie haben zu der Zeit auch die Entwicklung der damals relativ neuen Partei »Die Grünen« beobachtet. Was haben Ihre Beobachtungen so ergeben?

Das muss ich ein bisschen präzisieren: Meine Arbeiten über »Die Grünen« wurden publiziert, bevor ich ins Europäische Parlament kam. Der erste Aufsatz war im April 1984 in der »Niedersachsen-Zeitung« erschienen, das war das Monatsorgan der CDU in Niedersachsen. Mich interessierte damals unter anderem die Biografie der Abgeordneten der Grünen im Europäischen Parlament. Da war zum Beispiel Brigitte Heinrich, die frühere APO-Aktivistin (Außerparlamentarische Opposition), dann gab es Frank Schwalba-Hoth, den »Blutspritzer« im Hessischen Landtag beim Besuch eines amerikanischen Generals, der, um seine Ablehnung der amerikanischen Politik, vor allem der Militärpolitik, darzustellen, diesen deshalb mit Blutspritzern »begrüßt« hatte. Mich interessierte: Was sind das für Leute, wo kommen sie her, was haben sie für eine Biografie? Und die durchgängige Frage war, aus welchen außerparlamentarischen Initiativen sind diese Grünen hervorgegangen? Ich habe ihre Biografien und Tätigkeiten beschrieben. Ich habe nicht, wie es heute leider üblich ist, egal ob es aus dem Parteibüro der Grünen oder aus der Heinrich-Böll-Stiftung kommt, die den Grünen zuzuordnen ist, irgendwelche Listen geführt und sie diffamiert.

Sind Sie zufrieden, was die Verwirklichung Ihrer Ziele betrifft, die Sie damals mit Blick auf Ihre Europa-Tätigkeit hatten?

Ich konnte das, was ich für richtig gehalten habe, stets tun. In den Fraktionen wurden Themen bestimmt, die man für diskussionswürdig gehalten hat, und diese Themen wurden an Berichterstatter weitergeleitet. Es hat also für jedes Thema einen Berichterstatter gegeben; dieser Bericht wurde im zuständigen Ausschuss vorbereitet. Im Ausschuss Bildung gab es drei oder vier Mitarbeiter. Dann wurde der Bericht besprochen. Danach kam es zu einem ersten Entwurf. Bei der nächsten Besprechung wurde dann die Frage an mich gerichtet: »Wo sehen Sie jetzt aus politischen Gründen besondere Schwerpunkte? Was möchten Sie besonders thematisieren und problematisieren?« Dann haben wir in guter Kooperation dem Ausschuss einen Bericht vorgelegt, der Ausschuss hat darüber beraten, das Ausschussergebnis wurde dem Plenum der

Fraktion mitgeteilt, die Fraktion hat es in der Regel angenommen. Ich habe bei keinem Bericht, den ich gemacht habe, erlebt, dass er abgelehnt worden ist – er wurde dann dem Plenum zur Abstimmung zugeleitet und entschieden. Das war eine sehr zufriedenstellende Arbeit.

Sie hatten offenbar auch gute, qualifizierte Mitarbeiter.

Ja, vielseitig gebildete Personen, und zwar sowohl in der Fraktion als auch in meinem Abgeordnetenbüro in Lohne. Eine Mitarbeiterin in meinem Büro war z. B. Beate Baumann, die seit Jahren das Büro der Bundeskanzlerin leitet. Auch Christian Wulff, der spätere Ministerpräsident von Niedersachsen und dann Bundespräsident, hat in meinem Büro gearbeitet, ebenfalls Mathias Middelberg, CDU-Abgeordneter im Deutschen Bundestag in der dritten Wahlperiode und Sprecher der CDU-Landesgruppe Niedersachsen. Sie alle haben damals in Osnabrück studiert und die ersten politischen Erfahrungen bei mir gesammelt. Einmal muss es ja öffentlich gesagt werden (lacht).

Im Juni 1989 sind Sie zum zweiten Mal für ein Mandat im Europäischen Parlament angetreten und für weitere fünf Jahre gewählt worden. Sie wären mindestens bis 1994 im Parlament geblieben, wenn nicht etwas dazwischengekommen wäre ...

... ja, die deutsche Einheit, die mich 1990 nach Sachsen-Anhalt gebracht hat.

7. Kapitel

»Ein Jahr, das manches verändert hat«: Vom Wahlkämpfer zum Minister der Finanzen und Ministerpräsidenten von Sachsen-Anhalt

Im Herbst 1989 fiel die Berliner Mauer, am 18. März 1990 fand die letzte Volkskammerwahl der DDR statt – die erste und einzige DDR-Wahl, welche demokratische Kriterien erfüllt hat. Wie kam es dazu, dass Sie als Europaabgeordneter bei dieser Wahl in Sachsen-Anhalt mitmischten?

Viele Fragen zur Wiedervereinigung, die nach dem 9. November 1989 national diskutiert wurden, waren auch Fragen, die in den Institutionen der Europäischen Union (Europäische Kommission, Europäischer Rat, Fachministerräte und Europäisches Parlament) erörtert werden mussten, weil sie auch dort Entscheidungen verlangten. Ich will nur eine wichtige nennen, die eine grundsätzliche Frage war: Ist das, was jetzt wiedervereinigt wird und Teil eines Mitgliedstaates einer Europäischen Union werden will, als neuer Staat zu behandeln oder wie behandelt man eine große Erweiterung eines bereits existierenden Mitgliedstaates? Anfang 1990 waren wir in der deutschen Gruppe der EVP-Fraktion, also als CDU/CSU-Abgeordnete der Meinung, dass wir uns mit Bürgern der DDR treffen sollten, um Informationen von ihnen über die

Situation in ihrem Land zu bekommen. Wir haben junge Leute nach Berlin eingeladen und uns mit ihnen unterhalten, ihnen zugehört. Die Zusammensetzung, die in Gesprächsgruppen an runden Tischen in einem Berliner Hotel erfolgte, war zufällig. An meinem Tisch saßen unter anderen drei Theologiestudenten, die besonders Interessantes berichteten. Sie waren mit Sanktionen belegt worden, nachdem sie vor ihrem Schulabschluss gesagt hatten, dass sie Theologie studieren wollten. Ihre Lehrerin war sogar entlassen worden, weil es aus ideologischen Gründen, wie die kommunistische Nomenklatur meinte, nicht genehmigt werden konnte, dass in einer Klasse drei Schüler als zukünftige Theologiestudenten abgehen wollten. Die Partei war der Überzeugung: Das musste an der Lehrerin liegen, die keinen guten Unterricht gemacht hatte.

Also eine interessante Begegnung, nach der uns klar war: Wir müssen uns, weil wir uns im Europäischen Parlament in der nächsten Zeit mit neuen Fragen beschäftigen, einen Eindruck verschaffen, wie es in den neuen Bundesländern aussieht. Wir haben doch eigentlich gar keine oder nur sehr wenig Ahnung. Es gab dann eine kleine Gruppe – Friedrich Merz aus Nordrhein-Westfalen, Rudolf Luster aus Berlin, Hartmut Perschau aus Hamburg, Reimer Böge aus Schleswig-Holstein und ich gehörten dazu –, die eine mehrtägige Bereisung durchführte: Berlin, Brandenburg, Sachsen-Anhalt und Mecklenburg-Vorpommern. Wir haben LPGs besucht, mit Bauern, Handwerkern und anderen Berufsgruppen gesprochen, haben uns Bausituationen, Straßen und Verkehrsinfrastruktur zeigen lassen und sind entsetzt gewesen über das, was wir gesehen haben. Diese DDR stand wirklich kurz vor dem Zusammenbruch – lange hätte es nicht mehr gedauert, das war schon optisch erkennbar.

Bevor wir wieder auseinandergingen, sind Hartmut Perschau und ich noch einmal ins Gespräch gekommen und haben uns gefragt, ob es das nun gewesen sei. Die ganzen Wahlkämpfe standen bevor: im März des Jahres 1990 die ersten und letzten freien Volkskammerwahlen, im Mai die ersten Kommunalwahlen und im Oktober die Landtagswahlen. Hartmut Perschau und ich waren der Auffassung, dass wir eine andere Wahlkampfhilfe aus dem Westen anbieten sollten. Fliegende Rednereinsätze, einen Abend eine Wahlkampfveranstaltung und wieder zurück, das machte keinen Sinn. Es war Vertrauensbildung notwendig. Wir mussten unsere Partner in den neuen Ländern erst einmal vertraut machen mit dem, was den Bürgern in einem solchen Wahlkampf organisatorisch und inhaltlich zu vermitteln ist. Ich habe daraufhin mit dem Landesvorsitzenden der CDU in Niedersachsen, das war damals Wilfried Hasselmann, gesprochen und ihm gesagt: »Wenn die CDU Niedersachsen das wünscht, weil Sachsen-Anhalt das Partnerland von Niedersachsen ist, dann biete ich Folgendes an: Ich unterbreche meine Tätigkeit als Abgeordneter im Europäischen Parlament für eine kurze Zeit und gehe für einige Wochen zum Wahlkampf nach Sachsen-Anhalt!«

Der Pioniergeist in Ihnen hatte sich wieder gemeldet. Wie hat Hasselmann reagiert?

Wilfried Hasselmann war sofort begeistert, zumal die Abgeordneten und CDU-Mitglieder in Niedersachsen nur wenige Möglichkeiten hatten, in ihrem Partnerland politisch aktiv zu sein, weil es 1990 auch eine Landtagswahl in Niedersachsen gab, sodass viele Kräfte gebunden waren. Ich habe ihm gesagt, es könnte eigentlich nur so sein, dass ich zum Beauftragten der CDU Niedersachsen für den Wahlkampf in Sachsen-Anhalt ernannt würde. Er hat dies mit Ernst Albrecht besprochen, der dieses Angebot sofort gerne angenommen und sehr stark unterstützt hat. Ein paar Tage später fand eine Sitzung des Landesvorstandes statt, und es wurde ganz schnell entschieden, indem die beiden, Hasselmann und Albrecht, vortrugen, dass es einen solchen Vorschlag gebe und sie diesen gerne annehmen wollten. So fing es an. Ich musste ja die Zustimmung der CDU Niedersachsen haben, und ich musste natürlich gleichzeitig auch das Verständnis in meiner Fraktion, in der deutschen Gruppe der EVP-Fraktion, dafür gewinnen, dass ich einige Wochen nicht da war. Ich habe Kollegen und Kolleginnen gebeten, meine Arbeit in dieser Zeit zu übernehmen. Sie haben gerne zugesagt. Das war der Anfang meiner Aktivitäten in Sachsen-Anhalt.

Wie sah eigentlich das Interesse bei den Politikern aus anderen Ländern Europas aus? Wollten die nicht auch wissen, was sich in den neuen Ländern tat?

Ich habe erfolgreich versucht, so viele nicht deutsche Parlamentarier nach Sachsen-Anhalt zu holen wie möglich. Ein unvergessliches Ereignis war eine Veranstaltung mit Leo Tindemans, dem früheren belgischen Premierminister, der einige Tage in meiner Begleitung in Sachsen-Anhalt zugebracht hat. Er hat auf meine Bitte hin unter anderem in einer überfüllten Schulaula eine Rede gehalten – er konnte sehr gut Deutsch. Ich werde das nie vergessen, weil das auch mitentscheidend war für meine spätere Entscheidung, als ich gefragt worden bin, ob ich in Sachsen-Anhalt ein politisches Amt übernehmen würde: Es meldete sich in der Diskussion ein 80-jähriger Mann. Mit tränenerstickter Stimme wollte er nichts anderes als Leo Tindemans sagen, er möchte doch so freundlich sein, den Bürgern in Belgien seinen Dank auszusprechen. Er sei als deutscher Kriegsteilnehmer verwundet worden und in Belgien in ein Krankenhaus gekommen, obwohl er Kriegsgegner gewesen sei, sei er sehr qualifiziert und freundlich in diesem Krankenhaus behandelt worden. Er wollte gerne seinen Dank dafür abstatten. Dieser Mann hat 1990 mit achtzig Jahren im Grunde jetzt zum ersten Mal Demokratie und Freiheit erlebt: 1910 geboren, Ende des Ersten Weltkrieges acht Jahre alt, danach die Unsicherheiten und manches Beben in der Weimarer Republik, 23 Jahre alt bei der Machtübernahme der Nationalsozialisten, 29 Jahre bei Beginn des Zweiten Weltkrieges und Einzug zum Kriegsdienst, danach Verwundung, mit 35 Jahren Kriegsende und dann 45 Jahre, bis er achtzig war, kommunistische Diktatur. Wie vielen ging es ähnlich? War uns im Westen eigentlich bewusst, wie viel besser es die Geschichte mit uns gemeint hat? Ich kam jedenfalls ins Grübeln und wollte ab sofort dem anderen Teil Deutschlands meine konkrete Hilfe anbieten.

Obwohl Sie selbst mit »heißem Herzen und kühlem Kopf«, wie Sie damals gegenüber den Medien sagten, die sogenannte »Allianz für Deutschland« (Demokratischer Aufbruch, Deutsche Soziale Union, Christlich-Demokratische Union) einen Monat lang bis zum Wahltag vor Ort unterstützt haben, war man dort über die Rednerhilfe aus dem Westen offenbar nicht nur glücklich. Was für eine Stimmung herrschte in dieser ziemlich heterogenen »Allianz«, die mit dem Motto warb: »Freiheit und Wohlstand – Nie wieder Sozialismus«?

Die Probleme, die Sie nennen, gab es, aber sie kamen in der Regel später. Man muss unterscheiden zwischen dem Problem »Ost-West« und dem Problem »intern«, bei denen es in bestimmten Parteienkonstellationen Probleme gab und Vertreter verschiedener Parteien unter einem Dach Konkurrenten waren oder sich nicht wie Freunde begegnet sind. Sie haben den »Demokratischen Aufbruch« erwähnt. Der »Demokratische Aufbruch« war bei der Frage der Fusion mit der Ost-CDU sehr gespalten; es hat viele Auseinandersetzungen gegeben. Es gab Veranstaltungen, in denen Mitglieder des »Demokratischen Aufbruchs« öffentliche Entschuldigungen von Ost-CDU-Mitgliedern für ihre Tätigkeit in der Vergangenheit forderten. Der »Demokratische Aufbruch« war kein homogenes Gebilde, aber die Ost-West-Auseinandersetzungen nach dem Motto: »Brauchen wir die aus dem Westen, muss das sein, können wir das nicht genauso gut oder sogar besser allein?«, die gab es 1990 noch nicht. Ich habe sie jedenfalls in Sachsen-Anhalt in dieser Weise nicht erlebt. Ganz im Gegenteil. Man muss das ganz realistisch sehen: Plötzlich mussten Menschen Wahlkampf machen – Plakatständer hatten sie nicht, Plakate konnten sie nicht drucken, wetterfesten Kleister kannten sie nicht, es gab keine Transportmittel. Es kam aber sofort vielfältige Hilfe, etwa aus Berlin von einem Sponsor, der eine große Anzahl von Autos zur Verfügung stellte, mit denen die Kandidaten durch ihren Wahlkreis fahren konnten. Dafür gab es viel Dankbarkeit.

Wo waren Sie untergebracht?

Mein parteipolitisches Domizil war die Geschäftsstelle der Ost-CDU in Magdeburg. Das Erste, was mir in diesem Büro ins Auge sprang in einem ansonsten leeren Bücherregal, war ein Buch von Gerald Götting, der eine zwielichtige Rolle (das ist noch vornehm ausgedrückt) in der CDU im Osten gespielt hat, so wie viele andere auch. Es gab dann bald einen

Landesgeschäftsführer und viele freiwillige Helfer, besonders aus Niedersachsen. Ich habe ein Nebenbüro in Halle einrichten können, weil ich wenigstens einmal in der Woche einen ganzen Tag in Halle war. Ich wusste auch um die Befindlichkeiten zwischen Halle und Magdeburg – in Sachsen-Anhalt war es ja relativ lange unklar, welche Stadt nun Regierungshauptstadt werden sollte, Magdeburg oder Halle. Wir haben später in der ersten konstituierenden Sitzung des Landtages auf diese Befindlichkeiten Rücksicht genommen, indem diese Sitzung weder in Magdeburg noch in Halle, sondern in Dessau stattfand, weil wir einen neutralen Ort haben wollten, um keine Empfindlichkeiten zu provozieren.

Ich habe Koordinierungsrunden organisiert bei diesem Wahlkampfeinsatz, Pressegespräche geführt, Betriebe und Sozialeinrichtungen besucht und eigene Veranstaltungen durchgeführt. Ich erinnere mich noch gut an politische Veranstaltungen vor dem Altar in Kirchen. Ich habe mich zuerst sehr unwohl dabei gefühlt, aber es gab oft keine anderen räumlichen Möglichkeiten. Kalt war es überall, auch in vielen anderen Versammlungsräumen, oder überhitzt. Bei diesen Veranstaltungen erlebten wir eine völlig andere Atmosphäre als im Westen. Ich musste mich damit zurechtfinden, dass ich mich bei Wahlveranstaltungen wie auf einer Beerdigung gefühlt habe. Es gab keine Reaktionen, nichts. Keine Mimik oder Gesten. Zwischenrufe schon überhaupt nicht, nur beharrliches Schweigen. Nur einmal war es anders! Bei einer Wahlveranstaltung war eine Schulklasse mit Lehrer aus Niedersachsen anwesend. Diese jungen Leute versuchten, wie sie es im Westen gewohnt waren, mich zu provozieren. Sie haben ihre Gegenmeinung laut in den Raum gerufen. Beim zweiten oder dritten Mal war der Veranstalter so wütend, dass er die Klasse des Saales verweisen wollte. Ich musste einschreiten und ihm sagen: »Nun mal langsam, das macht mir nichts aus!« Zu der Klasse sagte ich: »Wir führen nach meinem Referat eine Diskussion und Sie haben dann die Gelegenheit, Ihre Fragen zu stellen. Vielleicht können Sie sich auch ein bisschen darauf einstellen, dass Sie hier, was die parteipolitische Auseinandersetzung betrifft, Bürger vor sich haben, denen eine solche Auseinandersetzung, wie Sie sie führen, fremd ist.« Ich war also als provozierter Redner der Schlichter, während der Veranstalter meinte, mich schützen zu müssen. Interessante Erfahrungen! Die Schulklasse verließ dann übrigens vor Beginn der Diskussion die Veranstaltung. Gewohnt habe ich in einem Zimmer im »Interhotel« in Magdeburg.

Wie war die Stimmung im Land allgemein? In einem Zeitungsartikel von damals wird ein »Gemisch aus Angst, Resignation und Verbitterung« beschrieben.

Ich möchte es anders formulieren. Ich halte diesen Dreiklang Angst, Resignation und Verbitterung für übertrieben. Nach meinen Erkenntnissen war es eine Stimmung von Zurückhaltung, Hoffnung, aber auch von inneren Kämpfen, von Unsicherheiten, weil die demokratischen Regularien erst einmal neu gelernt werden mussten. Die Menschen waren kritisch, insbesondere in der Beurteilung der Partner in dem neuen Parteiengefüge. Wir haben über den »Demokratischen Aufbruch« gesprochen. Sie haben natürlich einen anderen Umgang miteinander gelernt, aber nicht von heute auf morgen. Das bedurfte schon einer gewissen Zeit, was ich auch immer verstanden habe. Einmal kam ein relativ junger Besucher in die Geschäftsstelle, in der ich saß, und sagte zu mir: »Ich habe gehört, Sie sind der neue Kaderleiter und jetzt ist Marktwirtschaft gefordert. Ich wollte von Ihnen wissen: Wie werde ich

Marktwirtschaftler?« Oder ein anderes Mal kam jemand, der irgendein Anliegen hatte, und bevor er dies vorgetragen hatte, packte er eine Flasche Rotkäppchen-Sekt aus seinem Zeitungspapier aus und stellte sie mir auf den Tisch, noch bevor ich ihm eine Antwort geben konnte, für die er sich schon vorab bedankte. Ich erwähne diese Beispiele – ich könnte sie beliebig erweitern – nur deshalb, weil man daran sieht: Es gab politisch, und nicht nur politisch, neue Lernfelder. Die Anforderung an diejenigen, die aus dem Westen kamen, bestand darin, dass sie einfühlsam genug waren, diese ganz andere Mentalität sehr schnell zu erfassen und darauf Rücksicht zu nehmen. Da sind manche Fehler passiert, auch mir.

Es gibt bis heute das Gerücht, dass Ihre Einfühlsamkeit so weit ging, dass Sie den Leuten sogar erklärt haben, wie man erfolgreich Eier verkauft. Stimmt das?

(Lacht). Na ja. Das ist nicht so ganz falsch. Das war tatsächlich in der Wahlkampfzeit im März 1990, als ich vier Wochen lang montags von meinem Wohnort Lohne nach Magdeburg gefahren bin. Ich war, wie geschildert, in einem Zimmer im Interhotel untergebracht. Gegenüber diesem Hotel befand sich ein großer Parkplatz. Dort habe ich, wenn ich ankam, mein Auto abgestellt. Es waren oft junge Leute bei mir, die interessiert waren, an diesem Wahlkampf teilzunehmen und etwas aus dem praktischen politischen Leben zu lernen, Beate Baumann, Mathias Middelberg oder Hans-Achim Michna. Ein junger Mann, Thomas Bitter, nahm sogar mehrere Wochen Urlaub, um mir als Fahrer zur Verfügung zu stehen. Auf diesem Parkplatz standen einige Verkaufsbuden. Es gab auch Buden aus dem Oldenburger Land, wo ich herkam, aus dem Ammerland – die Wurst aus dem Ammerland ist ja bekannt. Wer

Kohl und Pinkel kennt, der weiß, dass für diese Produkte vor allen Dingen das Oldenburger Land steht. Es gab solche Buden auch an diesem Montag, als ich ankam. Das Verlangen nach Westprodukten war damals in den neuen Ländern im Konsumbereich besonders groß. Und neben diesen Buden, etwas abgesetzt, stand ganz bescheiden ein kleiner Tisch mit ein paar Paletten Eiern. Eine ältere Frau saß etwas verfroren hinter diesem Tisch. Ich bin auf sie zugegangen, weil sie mir ein bisschen leidgetan hat. Ich habe sie gefragt: »Na, haben Sie schon ein paar Paletten verkauft?« Und sie hat geantwortet: »Nein, keine einzige. Und das bei diesem Wetter.« Ich habe ihr Geld in die Hand gedrückt und gesagt: »Gehen Sie erst einmal rüber ins Interhotel, trinken Sie einen Kaffee und wärmen sich ein bisschen auf. Ich passe in der Zeit auf Ihren Stand auf.« Nach einigem Zögern tat sie das. Ich bin dann zu der Nebenbude gegangen, einer Verkaufsbude aus dem Ammerland, einen der Verkäufer kannte ich, und habe ihm gesagt: »Gib mir mal eines von deinen Schildern.« Er fragte: »Welches Schild?« Ich antwortete: »Na, du hast doch da solche Schilder stehen: ›Eier frisch aus dem Oldenburger Land‹.« Also hat er mir ein Schild gegeben. Ich habe dieses Schild auf den Tisch der älteren Frau gestellt und die Eier zum Verkauf angepriesen. Die Frau kam nach einer gewissen Zeit wieder zurück und war völlig entsetzt, als sie den leeren Tisch sah. Sie fragte: »Was haben Sie mit meinen Eiern gemacht?« Ich antwortete lächelnd: »Die habe ich verkauft, da ist die Kasse – Sie können das Geld nachzählen.« Sie war völlig konsterniert, dass die Eier weg waren. Das besagte Schild hatte ich natürlich vorher den Ammerländern wieder zurückgegeben. Solche Erlebnisse gab es öfter und ich fand das besonders schön. In diesem Fall habe ich mich von einer sehr glücklichen und dankbaren Frau verabschiedet.

Offensichtlich hat die CDU damals nicht nur gewusst, wie man mit ein bisschen Marketingtricks Eier verkauft: Bei den Wahlen kam die CDU in Sachsen-Anhalt auf 38,6 Prozent, die SPD auf enttäuschende 24,7 Prozent. Das war ein großer Erfolg, an dem Sie, aber sicher auch Bundeskanzler Helmut Kohl, einen großen Anteil hatten. Können Sie sich noch erinnern an Absprachen, an Auftritte mit ihm? Was war sein Erfolgsgeheimnis in den neuen Ländern?

Eine meiner wesentlichen Aufgaben in der ersten Zeit im Februar und März 1990 in Sachsen-Anhalt war die Vorbereitung einer Großveranstaltung mit Helmut Kohl auf dem Domplatz in Magdeburg. Bei der Vorbereitung dieser Veranstaltung klopfte es plötzlich an die Tür meiner Geschäftsstelle und drei Herren, die man mit Nickelbrille, Trenchcoat und Schaftstiefeln sofort identifizieren konnte, kamen herein. Sie stellten sich vor und wiesen darauf hin, dass sie aus dem Innenministerium kämen und die Aufgabe hätten, auf der Abendveranstaltung den Schutz des Bundeskanzlers zu gewährleisten. Sie hätten gehört, ich sei für die Organisation verantwortlich, und sie wollten gerne mit mir sprechen. Sie waren dann völlig überrascht, als ich ihnen sagte: »Vielen Dank. Für den Schutz des Bundeskanzlers ist gesorgt. Diese Aufgabe nehmen Sie heute nicht wahr. Das liegt in meiner Verantwortung.« Diese Eigenverantwortung war nicht zuletzt deshalb nötig, weil ich am selben Tag schon vormittags die Nachricht bekommen hatte, dass sich in den Elbauen große Demonstrationsgruppen – darunter viele Stasi-Angehörige – zusammengerottet hatten und auf die Störung der Kohl-Veranstaltung vorbereiteten.

Was mussten Sie bei der Veranstaltung mit dem Bundeskanzler noch mit einkalkulieren?

Einer meiner ersten Gänge bei der Veranstaltungsvorbereitung war der zum evangelischen Domprediger des Magdeburger Doms. Ich fragte ihn, ob es nicht möglich sei, dass an dem Abend der Veranstaltung mit Helmut Kohl, es war nämlich ein Montag, das Friedensgeläut, das stets um 18 Uhr ansetzte, vielleicht erst um 19 Uhr beginnen könnte, denn mir war klar: Die Veranstaltung begann um 17 Uhr, es gab Grußworte der Honoratioren vor Ort, das brauchte Zeit. 18 Uhr wäre also ziemlich genau die Zeit, in der Helmut Kohl seine Rede beginnen würde oder gerade angefangen hätte, und dann würde ihn das Friedensgeläut des Magdeburger Doms unterbrechen. Die Antwort des Dompredigers war: »Wir haben uns früher von den Politikern nichts vorschreiben lassen und wir lassen uns jetzt erst recht nichts vorschreiben, schon gar nicht von der CDU.« Ich habe das Gespräch beendet und ihn korrigiert, indem ich zu ihm sagte: »Ihnen will überhaupt keiner etwas vorschreiben, ich habe nur höflich eine Frage gestellt und wollte gerne wissen, ob es eine solche Möglichkeit gibt. Darauf können Sie mit Ja oder Nein antworten, aber bitte nicht mit Vorwürfen an eine Adresse, die Sie gar nicht kennen.« Er hat das Geläut nicht verschoben. Ich habe Helmut Kohl, als er kam, von der Situation unterrichtet. Er hat sie glänzend gemeistert. Er hat seine Rede bei Beginn des Läutens der Glocken unterbrochen und gesagt: »Wie schön, dass wir in diesem Land jetzt in einer Situation sind, in der man bei einer politischen Veranstaltung das Verlangen danach hat, einer Kirchenglocke zuzuhören.« Dann war Schweigen – bis auf die professionellen Schreier, die als Demonstranten aus dem Westen Helmut Kohl ständig gefolgt sind, eine Wandertruppe von Störern, die überall auftraten, wo er war, nicht nur in Sachsen-Anhalt. Nach Ende des Glockengeläuts hat der Bundeskanzler seine Rede fortgesetzt.

Vorher in Halle hatte sich Bundeskanzler Kohl so provozieren lassen, dass er handgreiflich geworden ist.

Das war in Magdeburg nicht so. Er war auch so eingerahmt, dass er das nicht so leicht hätte machen können (lacht). Es ging alles gut. Bei der Veranstaltung waren gut 100 000 Menschen. Ein paar Tage vorher war Oskar Lafontaine in Magdeburg; er hatte auf demselben Platz etwa 3 000 Zuhörer.

Und danach? Gemeinsames Eieressen im Interhotel?

Ich hatte im Interhotel einen Saal reserviert, weil ich wusste: Helmut Kohl hat immer Hunger (lacht). Ich habe ihn also ins Interhotel begleitet. Da stand ein Ober in der Tür und Helmut Kohl sagte schon fünf Meter vor ihm lautstark: »Was gibt's denn heute zu essen? Habt ihr auch 'ne Suppe?« Der Ober antwortete: »Herr Bundeskanzler, wir haben eine Ochsenschwanzsuppe und wir haben eine Gulaschsuppe.« Helmut Kohl darauf: »Dann gebt mir mal die dicke Suppe, die dünn macht.« Wir gingen dann in den Essensraum. Meine Tochter Brigitte, die zweitälteste, war damals 16½ Jahre alt. Sie saß neben ihm, weil er zu ihr, nachdem ich sie vorgestellt hatte, sagte: »Komm mal her, setz dich da hin.« Nach der Suppe und ein paar Kanapees – er musste schnell wieder weg, es gab kein Menü – bestellte Helmut Kohl sich noch ein Eis. Da sagte meine Tochter lautstark: »Herr Bundeskanzler, es ist Fastenzeit!« (lacht). Er lachte herzhaft über diese Bemerkung und antwortete: »Ich weiß das, aber trotzdem wird es mir schmecken.«

Wir haben Helmut Kohl viel zu verdanken. Er war der Gewinner der deutschen Einheit. Sie erinnern sich vielleicht noch an die süffisanten Fernsehbemerkungen: Kohl und Kohle. Zahlreiche Moderatoren haben ihm unterstellt, dass er nur durch Geldversprechen diese Wahl gewonnen habe. So ein Unsinn! Er hat die Wahl gewonnen, weil er die deutsche Einheit gewollt hat. Die SPD hat sich mit ihrer kritischen Distanz – Gerhard Schröder meinte ja: »Die sollen sich erst einmal hinten anstellen« – in den neuen Ländern selbst vieles verbaut. Vielleicht kamen solche Sprüche bei dem einen oder anderen im Westen gut an, aber die Wahlen fanden in den neuen Bundesländern statt und nicht im Westen.

Sie haben sich nach diesem Wahlerfolg erst einmal wieder in Richtung Brüssel und Straßburg bewegt, bewegen müssen, weil Sie das frisch errungene zweite Mandat im Europäischen Parlament hatten. Doch in Sachsen-Anhalt wurden Sie weiter als Wahlkampfhelfer gebraucht.

Tatsächlich habe ich in der zweiten Märzhälfte sofort meine Pflichten als Abgeordneter im Europäischen Parlament wieder wahrgenommen. Aber bald danach war ich am 6. Mai 1990 bei der Kommunalwahl wieder in Sachsen-Anhalt und ich bin im Oktober bei der Landtagswahl erneut dort gewesen, weil der Spitzenkandidat, Gerd Gies, ausdrücklich bei Wilfried Hasselmann, Ernst Albrecht und Helmut Kohl vorgesprochen und darum gebeten hatte, dass ich noch einmal komme; wobei ich im Oktober eine ganz andere Art von Wahlkampfhilfe gemacht habe. Im Oktober habe ich selbst keine Wahlkampfveranstaltungen mehr durchgeführt, sondern sozusagen geistig gearbeitet. Es ging darum, dass man die Programmatik der CDU in eine Form bringen musste, die verständlich für den Bürger die wesentlichen Punkte ihrer Politik für die nächsten Jahre erklären sollte. Das war die Hauptaufgabe im Oktober. Die zweite Aufgabe, die Gerd Gies mir aufgrund des persönlichen Vertrauensverhältnisses übertragen hatte, war folgende: Es gab inzwischen Ordner von Bewerbungen zahlreicher Personen außerhalb von Sachsen-Anhalt, besonders aus Niedersachsen, für Kabinettsposten in diesem Land. Es gab zum Beispiel einen niedersächsischen Landtagsabgeordneten, der sich gleich für drei unterschiedliche Ministerien empfohlen hatte ... Gerd Gies hatte zwei Anliegen. Erstens: Wen kennen Sie davon, wie beurteilen Sie ihn? Zweitens: Was halten Sie inhaltlich und politisch von dieser Bewerbung, ist sie seriös oder nicht?

Im August 1990 löste sich die DDR-Volkskammer auf, am 3. Oktober 1990 kam es schließlich zur ersehnten deutschen Einheit. Für Sie persönlich war das aber eher ein trauriger Tag ...

1990 war insgesamt ein trauriges Jahr im persönlichen Bereich, weil ich beide Elternteile, sowohl Vater als auch Mutter, verloren habe. Der Vater starb am 25. Januar 1990 in einem Krankenhaus in Salzgitter – er war 77 Jahre alt; meine Mutter starb am 3. Oktober 1990 in einem Krankenhaus in Bad Pyrmont, also ein mehrfach denkwürdiges Datum. Sie war 79 Jahre alt. Ich war am Todestag meiner Mutter gar nicht da, sondern in Magdeburg, aber meine Frau und unsere jüngste Tochter Susanne waren am Krankenbett und haben mit meiner Mutter noch sprechen können. Die beiden sind dann vom Krankenbett aus zum Auto gegangen, um wieder nach Hause zu fahren. Sie saßen schon im Auto auf dem Parkplatz, als ein Krankenpfleger von oben von irgendeinem

Fenster im Krankenhaus versucht hatte, ihnen noch einen Wink zu geben, was ihm aber nicht mehr gelungen ist. Meine Frau hatte den Wagen schon angelassen und ist fortgefahren, ohne den Pfleger bemerkt zu haben. Schwiegertochter und Enkelkind hatten nämlich das Krankenzimmer kaum verlassen, da ist meine Mutter gestorben. Aber sie haben sie jedenfalls noch mal gesehen. Dass ich meine Mutter nicht mehr gesehen habe, sondern in Magdeburg gewesen bin, war natürlich nicht schön. Aber der Tod war so schnell nicht vorhersehbar gewesen. Insofern war das Jahr 1990 in mehrfacher Hinsicht ein Jahr, das manches verändert hat. Und gerade an den 3. Oktober werde ich in besonderer Weise erinnert.

So konnten Ihre Eltern nicht den nächsten Karriereschritt miterleben: Im November 1990 wurden Sie Minister der Finanzen im Kabinett von Gerd Gies, dem neu gewählten CDU-Ministerpräsidenten von Sachsen-Anhalt. Wieso kannten Sie sich plötzlich so gut in Finanzen aus?

Ich halte es ja für sehr freundlich, dass Sie unterstellen, dass es eine solche Möglichkeit gegeben haben könnte, dass ich mich plötzlich oder später mit Finanzen gut ausgekannt habe. Die Situation war völlig anders. Ich habe in meiner politischen Arbeit immer auf der Gegenseite der Finanzpolitiker oder Finanzverantwortlichen gestanden, weil ich immer zu der Gruppe der Fordernden gehört habe. Ich war, wie gesagt, Bildungs-, Kultur-, Medien- und Forschungspolitiker und für diese Politik braucht man Geld. Das heißt, ich habe immer an die Adresse der Finanzverantwortlichen Forderungen gestellt. Wie man Finanzmittel bekommt und sie verwaltet, davon hatte ich nur wenig Ahnung. Es ist aber interessant, wie das zustande kam, dass ich plötzlich Minister der Finanzen wurde.

Ich war in einer Plenarsitzungswoche in Straßburg. Wenn ich in Brüssel oder Straßburg war, stand ich regelmäßig in telefonischem Kontakt mit meinem Büro in Lohne. Meine Sekretärin sagte mir in den ersten Tagen dieser Plenarsitzungswoche: »Herr Dr. Gies hat angerufen und bittet dringend um Ihren Rückruf.« Aber ich habe nicht zurückgerufen, weil ich ahnte, was er wollte. Er war zum Ministerpräsidenten gewählt worden, und nun brauchte er ein Kabinett. Er hatte die Vorstellung, dass ich in seinem Kabinett Minister der Finanzen werden sollte. Bei einem dritten Anruf war ich in meinem Büro und nicht im Plenum oder einem Ausschuss. Ich nahm den Telefonhörer ab und Gerd Gies meldete sich. Ich dachte mir, dass es am besten wäre, jetzt sofort mit irgendeinem Redeschwall zu beginnen, um ihn vielleicht davon abzubringen, sich daran zu erinnern, weshalb er eigentlich angerufen hatte. Dann gratulierte ich ihm zu seinem Erfolg und wünschte ihm auch eine glückliche Hand für die Personalauswahl der Kabinettsmitglieder. Worauf er sich bedankte und sagte: »Sie haben mir genau das Stichwort gegeben. Deshalb rufe ich Sie an. Ich möchte gerne, dass Sie in mein Kabinett eintreten.« Meine erste Rückfrage lautete: »Und welches Ressort?« Seine Antwort war: »Für Finanzen.« Nachdem ich ihm geantwortet hatte, dass meine politischen Schwerpunkte bisher andere gewesen seien, wies er mich auf die Bedeutung der zukünftigen Arbeit des Ministers der Finanzen hin und bat mich, so schnell wie möglich zum Gespräch zu ihm nach Magdeburg zu kommen. Ich fuhr dann am nächsten Tag von Straßburg aus nach Magdeburg und in unserem Gespräch dort wiederholte er sein Angebot. Ich brachte als Gegenargument vor, dass ich gerne noch ein paar Jahre im Europäischen Parlament weiterarbeiten wollte, obwohl ich natürlich wusste, dass das Amt eines Ministers der Finanzen gerade in einem neuen Bundesland eine interessante Herausforderung mit einer großen politischen Gestaltungsmöglichkeit war. Am Ende des Gesprächs, in dem ich keine abschließende Zusage gegeben hatte, sagte er dann: »Spätestens übermorgen früh brauche ich Ihre Entscheidung, weil eine Sitzung mit der Fraktion stattfindet. Ich muss dort meinen Vorschlag fürs Kabinett präsentieren.« In dieser mir noch zur Verfügung stehenden Zeit musste ich viele Gespräche führen: mit Abgeordneten des Europäischen Parlaments und mit meinen politischen Freunden in den Landesverbänden Niedersachsen und Oldenburg. Außerdem wollte ich gerne wissen, ob es eine entsprechende Zustimmung seitens der Bundes- und Landespartei gebe. Auf die letzte Frage antwortete Gies sofort: »Ich habe schon mit Helmut Kohl, Rudolf Seiters (Chef des Kanzleramtes) und Volker Rühe (Generalsekretär) gesprochen. Sie haben alle meinen Vorschlag unterstützt.« In den zwei folgenden Tagen habe ich mit allen Personen, mit denen ich reden wollte, gesprochen: mit Wilfried Hasselmann, Ernst Albrecht, Rudolf Seiters und Volker Rühe. Das entscheidende Gespräch fand mit Ernst Albrecht statt. Es war deshalb entscheidend, weil dieses Gespräch meine Entscheidung zur Annahme des Amtes bestimmt hat. In diesem Gespräch sagte ich zu Ernst Albrecht: »Sie kennen meine politischen Schwerpunkte. Sie wissen, wo ich besonders gut einsetzbar bin, aber doch gerade nicht im Finanzressort.« Und Ernst Albrecht antwortete in seiner kühlen, überlegten Art: »Das sehe ich anders. Was zeichnet einen Finanzminister aus? Was muss er können? Erstens: Er muss einen Überblick über die Gesamtpolitik haben, um beurteilen zu können, was notwendig und was aufschiebbar ist und was nicht. Zweitens: Er muss mutig genug sein, das auch durchzusetzen, gleichgültig, welche Widerstände von welchem Ressortminister auch kommen. Genau das können Sie, und genau das machen Sie deshalb. Ich kann Ihnen nur raten: Nehmen Sie dieses Amt an!« Das hat mich überzeugt und ich habe Gerd Gies eine Zusage gegeben.

Trotzdem mutig. Mit bescheidenen Finanzkenntnissen zum Haushalt eines maroden Bundeslandes zu wechseln.

Nachdem ich das Amt angenommen hatte, führte mein Staatssekretär – er kam aus dem Niedersächsischen Ministerium der Finanzen und war ein kluger Finanzfachmann – die ersten Gespräche mit mir, als ob ich zeit meines Lebens nichts anderes als Finanzpolitik gemacht hätte. Bis ich eines Tages zu ihm sagte: »Wenn wir uns am Montag auf der Fahrt nach Magdeburg wieder treffen, dann hätte ich gerne ein Buch in der Hand: Steuern von A–Z oder wie immer es auch heißen mag, damit ich zuerst schon mal die unterschiedlichen Steuerarten kennenlerne.« Am nächsten Montag – ich habe ihn immer in Hannover, wo er gewohnt hat, abgeholt – kam er dann mit einer solchen Broschüre. Ich habe sie viele Jahre in meiner Bibliothek behalten, weil sie eine nette Erinnerung an meine Pionierzeit als Minister der Finanzen war. Ich musste die Finanzpolitik wirklich von Anfang an lernen, weil ich nicht viel davon wusste. Aber es war in der Tat die große politische Herausforderung. Es war ein Ressort, in dem ich sehr gerne viel gelernt habe und einen großen Gestaltungsspielraum hatte. Ich habe es nicht bereut, auch wenn ich aus Gründen der politischen Veränderung in Sachsen-Anhalt nur acht Monate in diesem Amt gewesen bin.

Der Ministerpräsident blieb nicht lange im Amt ...

Es gab Probleme zwischen Ministerpräsident Gerd Gies und seiner Fraktion aus zweierlei Gründen: Gerd Gies, Tierarzt, war ein sehr zurückhaltender, bescheidener Mensch. Er stand lieber im Hintergrund, als dass er sich an irgendein Mikrofon gedrängt hätte. Genau das hat ihm die Fraktion vorgeworfen, gerade in der ersten Zeit nach der Wende, in der es für den Ministerpräsidenten in Sachsen-Anhalt ohnehin schon schwer genug war, weil Kurt Biedenkopf als Kollege im Nachbarland Sachsen agierte. Die eigene Fraktion hat Gies diese politische Zurückhaltung übel genommen und oft genörgelt, weil Sachsen-Anhalt in der Öffentlichkeit viel zu wenig vorkomme. »Die Leute wissen gar nicht, dass es Sachsen-Anhalt gibt, die reden immer von Sachsen oder Niedersachsen, aber dass es da noch ein drittes Bundesland mit ähnlichem Namen, nämlich Sachsen-Anhalt gibt, das wissen die meisten nicht.« Damit war die Fraktion unzufrieden. Außerdem hatte Gerd Gies ein Problem, das ihm gar nicht anzulasten war. Er hatte kein Mandat für den Landtag errungen, weil die CDU alle Wahlkreise direkt gewonnen und kein Mandat über die Landesliste bekommen hatte. Gerd Gies hatte keinen Wahlkreis, er stand auf Platz eins der Landesliste und die Landesliste zog nicht, und ein Berater aus dem Westen, aus Baden-Württemberg, der dann selbst auch noch Landtagsabgeordneter und Fraktionsvorsitzender wurde, hatte ihm gesagt, ohne Landtagsmandat könne man nicht Ministerpräsident werden aufgrund der Verfassung, die damals existierte, was nicht stimmte. Daraufhin hat Gerd Gies versucht, mit dem einen oder anderen gewählten Kollegen zu sprechen, ob nicht einer vielleicht auf sein Landtagsmandat verzichte, damit er nachrücken könne. Darüber, wie er in den Gesprächen vorgegangen ist, gibt es unterschiedliche Bewertungen. Einige behaupteten, dass er mit Drohgebärden bezüglich ihrer politischen Vergangenheit gearbeitet habe. Die Staatsanwaltschaft hat aber nie ein Verfahren gegen ihn eröffnet. Ich kann den Inhalt der Gespräche nicht beurteilen. Es gab aber ein latentes Misstrauen bei einigen Abgeordneten in der Fraktion. Es kam, wie man es fast erwarten konnte: Nach acht Monaten Amtstätigkeit wurde in einer Fraktionssitzung offen über diese Probleme diskutiert. Ein CDU-Abgeordneter in der Fraktion stellte am Ende der Diskussion einen Antrag auf den Rücktritt von Gies. Das war ziemlich unerwartet. Ich war kein Mitglied der Fraktion, weil ich ja kein Abgeordneter war, aber zu den Fraktionssitzungen wurde ich immer als Minister eingeladen. Ich habe, sooft es ging, an den Sitzungen teilgenommen, auch an dieser Sitzung. Nachdem dieser Antrag gestellt worden war, hat der Fraktionsvorsitzende sehr vernünftig erst einmal eine Pause eingelegt, damit die Abgeordneten Gelegenheit hatten, unter sich zu diskutieren und sich zu verständigen, wie man aus dieser Situation herauskomme. Gerd Gies, der zu mir immer ein vertrauensvolles Verhältnis hatte, kam zu mir und wollte einen Rat haben: »Was mache ich denn jetzt?« Er war unsicher, ob er nun wirklich zurücktreten oder abwarten sollte, ob der Antrag tatsächlich gestellt würde und in welcher Form. Ich habe ihm geraten, einen Vertrauensantrag zu stellen, um einen solchen Antrag zu verhindern. Selbst einen Vertrauensantrag in einer solchen Situation zu stellen, ist natürlich von einer anderen Qualität, als wenn die Fraktion einen Misstrauensantrag gegen ihn einbringen würde. Diesem Rat ist er gefolgt. Nachdem die Fraktionssitzung wieder eröffnet war, hat Gies den Vertrauensantrag gestellt, und dieser Vertrauensantrag ist mit 21:20:3 abgelehnt worden. Also hatte ihm eine ganz knappe Mehrheit der Fraktion das Misstrauen ausgesprochen. Das war am 2. Juli 1991. Er ist daraufhin zurückgetreten. Ich lege Wert darauf und sage es noch einmal: Es hat keine Anklage gegen ihn gegeben, die Staatsanwaltschaft hat den Fall Gies zwar aufmerksam registriert, aber nicht zur Anklage geführt. Insofern muss man ihn auch als Person schützen und sagen: Mindestens ist die Frage der unzulässigen Beeinflussung von Kollegen ungeklärt geblieben. Dies festzustellen, ist eine Frage der Fairness.

Kurz nach seinem Rücktritt übernahmen Sie am 4. Juli 1991 das Amt des Ministerpräsidenten von Sachsen-Anhalt. Ein Journalist im Oldenburger Münsterland schrieb damals begeistert: »Es gibt doch so etwas wie Gerechtigkeit in der Politik: Kaum ein anderer hat einen politischen Erfolg dieses Ausmaßes wirklich so verdient wie Werner Münch, den Niederlagen und Rückschläge niemals in seinem Engagement für die Menschen gebremst haben.« Wie fühlte sich das an, der »Mann der Stunde« zu sein? Als der Präsident des Landtags fragte, ob Sie die Wahl annehmen, soll Ihre Antwort »so leise und bescheiden« geklungen haben, dass der Landtagspräsident die Frage wiederholte. War Ihnen plötzlich etwas mulmig zumute?

Ich glaube, dass das die Erfindung eines Journalisten gewesen ist. Ich kann mich daran jedenfalls nicht erinnern. Ich kann mir auch gar nicht vorstellen, dass ich sehr leise gesprochen hätte, so leise, dass man mich aufforderte, das noch einmal zu wiederholen, weil man mich nicht verstanden hatte. Völlig egal. Was stimmt: Ich war zweimal ohne Erfolg für ein Landtagsmandat angetreten. Ich habe mich einmal erfolglos für den CDU-Landesvorsitz Niedersachsen und auch für den CDU-Parteivorsitz im Landesverband Oldenburg beworben, wenn auch jedes Mal mit einem hochrespektablen Ergebnis. Ich war, wie es später auch einmal in einer Fernsehsendung über mich hieß, häufig der zweite Gewinner. Aber solche Niederlagen können auch Vorteile haben. In meinem Fall – ich habe bereits darauf hingewiesen – war es so, dass ich als Talent galt, das man sich eines Tages nutzbar machen wollte. Und man selbst lernt, wie man mit Niederlagen in fairer Weise umzugehen hat. Also dieses Mal hatte es geklappt, dass ich der Gewinner war.

Wie verlief die Talentförderung in Sachsen-Anhalt konkret?

Als die Situation in der Fraktion zu eskalieren begann und man sich nicht sicher war, ob der Ministerpräsident noch lange Zeit das Vertrauen seiner Fraktion haben würde, musste der Fraktionsvorsitzende natürlich geeignete Kollegen fragen, ob sie bereit wären, das Amt zu übernehmen, wenn diese Situation einträte. Das ist für den Gesprächspartner, der Kabinettsmitglied und zu Loyalität gegenüber seinem Ministerpräsidenten verpflichtet ist, eine äußerst unangenehme Situation. Der Fraktionsvorsitzende kam zu mir und fragte: »Sind Sie bereit? Ich muss das wissen, auch gegenüber der FDP. Wir haben ja eine Koalitionsregierung. Wir können die Mehrheit nur halten, wenn wir einen Kandidaten präsentieren, der auch für die FDP akzeptabel ist und dem sie zustimmt.« Der Fraktionsvorsitzende hat mich dann in der folgenden Fraktionssitzung vorgeschlagen. Darauf meldete sich ein Abgeordneter aus Wittenberg, Wolfgang Böhmer, zu Wort und hat die Grundsatzfrage gestellt – völlig losgelöst von meiner Person –, ob es nach acht Monaten Regierung noch notwendig sei, dass einer aus dem Westen dieses Amt übernehme, oder ob die Abgeordneten aus Sachsen-Anhalt nicht inzwischen selbst in der Lage seien, solche Ämter zu übernehmen. Es gab in der Fraktion nach einer kurzen Diskussion eine Abstimmung darüber.

Das Ergebnis war, wenn ich mich recht erinnere, 10:36 bei vier Enthaltungen gegen seinen Vorschlag. Er hatte natürlich unausgesprochen auch gemeint, dass er selbst derjenige sei, der das Amt übernehmen könnte. Er war ein seriöser Abgeordneter, den ich, nachdem ich einen Tag später im Landtag zum Ministerpräsidenten gewählt worden war, als meinen Nachfolger für das Amt des Ministers der Finanzen berufen habe. Böhmer hat nach der Abstimmung in der Fraktion sofort deutlich gesagt, dass eine solche »Systemdiskussion« in seinem Sinn gewesen sei und sie nichts mit einer Diskussion über mich und einer Infragestellung meiner Qualität für dieses Amt zu tun gehabt hätte. Er würde mir, wenn ich vom Landtag gewählt würde, ausdrücklich seine Loyalität bekunden. Das war alles sehr fair. Auch Gerd Gies hat nie in der Öffentlichkeit bei der vermeintlichen späteren »Gehälter-Affäre« – die es tatsächlich nie gegeben hat, darauf werden wir ja später noch kommen – gegen mich oder andere Minister aus dem Westen Stellung bezogen. Er hat immer, auch öffentlich, bestätigt, dass uns West-Ministern West-Gehalt zugesagt worden war. Nach der Abstimmung in der CDU-Fraktion gab es eine Besprechung mit der FDP-Fraktion. Dort habe ich meine politischen Vorstellungen außerhalb der Finanzpolitik deutlich gemacht. Die FDP hat einstimmig für mich votiert. Dann gab es die Abstimmung im Landtag. Es gab 98 gültige Stimmen. Ich habe von diesen 98 Stimmen bei einem Gegenkandidaten aus der SPD 61 Stimmen bekommen – das waren alle Stimmen aus den Fraktionen der CDU und der FDP sowie zwei weitere aus dem Lager der Opposition. Das war eine wunderbare Basis, auf der ich aufbauen konnte.

So wunderbar die Basis war, so schwierig war die Situation in Sachsen-Anhalt gerade im wirtschaftlichen Sinne. Was war Ihr Plan? Hatten Sie einen auf die Schnelle?

Der Zusatz war gut: auf die Schnelle. Ich konnte ja keinen Plan haben, weil ich mich auf die Situation nicht vorbereiten konnte. Ich konnte sie ahnen, sie gedanklich antizipieren. Aber ich konnte sie politisch in keiner Weise füllen. Ich hatte grobe Vorstellungen. Natürlich ist man in einer solchen Situation gefordert, sehr schnell dem Landtag gegenüber sein Konzept vorzulegen. Ich habe auch schon eine Woche nach der Wahl meine Regierungserklärung abgegeben. Vorher hatte ich die personellen Entscheidungen für mein neues Kabinett getroffen, den neuen Koalitionsvertrag mit der FDP geschlossen und dann meine Regierungserklärung vorbereitet.

Wer hat Ihnen dabei geholfen?

Ein Ministerpräsident hat einen sogenannten Redenschreiber. Ich hatte einen jungen Mann, der auch schon im Kabinett Gies der Redenschreiber war. Ein Romanist, ein hochgescheiter junger Mann, aber völlig unerfahren in der Politik. Er hat sehr schnell ein Gespräch mit mir geführt, weil er ja wusste, dass er in kurzer Zeit einen ersten Entwurf vorlegen musste – natürlich mithilfe der Zuarbeit der anderen Ministerien. Der erste Schritt war, dass ich ihm vorgab, auf welche politischen Schwerpunkte es mir ankam. Ich erinnere mich genau, wie dieser junge Mann, der es sehr gut gemeint hat, auf der zweiten Seite seines Entwurfs an den Rand geschrieben hatte: »Hier Pause machen, da Beifall zu erwarten«. Er war ganz erstaunt, als ich ihm sagte: »Das brauchen Sie in Zukunft nicht mehr zu tun. Das kann ich selbst einschätzen.«

Was waren Ihre Schwerpunkte?

Ich habe zehn Schwerpunkte gehabt.

Erstens: Stärkung der Identifikation der Bürger (mit ihrem Land) – es war ja wichtig, dass der Bürger den Politiker jetzt nicht mehr als Gegner empfand. Demokratie heißt: Regierung und Bürger haben in Kontakt und in Dialog zu treten. Deshalb habe ich sehr schnell Bürgersprechstunden eingeführt, einmal im Monat mehrstündige Sprechstunden selbst durchgeführt, in denen jeder, der ein Problem hatte, mit mir darüber sprechen konnte, ohne mir vorher etwas vorzulegen. Meine anwesenden Mitarbeiter haben sich die Fälle notiert, damit wir uns anschließend um Lösungen bemühen konnten.

Zweitens: Öffnung des Landes nach Ost und West. Ein Schwerpunkt, der mir wichtig war, hieß Israel, weil ich bald gemerkt hatte, dass alles, was mit Juden und Feindschaft gegenüber Juden, Holocaust usw. zu tun hatte, in der früheren DDR überhaupt nicht aufgearbeitet worden war. Insofern war mir eine sehr schnelle Kontaktaufnahme zu Israel wichtig, weil ich das Denken verändern und in eine neue Richtung lenken wollte. Deshalb habe ich auch sehr bald den Staat Israel besucht, weil ich mit einem solchen Besuch ein Zeichen setzen wollte.

Drittens: Zukunftsorientierte Wirtschaftspolitik, Investitionen. Wir brauchten viele neue Arbeitsplätze und, wenn möglich, immer sehr schnell.

Viertens: Aktive Beschäftigungspolitik. Wir mussten natürlich sehr bald die ständig steigende Zahl der Arbeitslosen reduzieren. Ein maroder Betrieb nach dem anderen machte zu;

die Treuhand sah keinen Sinn mehr darin, sie weiterzuführen. Zahlreiche Bemühungen um Privatinvestitionen und um Verkauf an Privatinvestoren waren erfolglos. Neben Erfolgen gab es immer wieder Absagen und Enttäuschungen.

Fünftens: Soziale Betreuung der Bürger. Die soziale Situation in der DDR war schlimm, besonders in den Behinderten-, Alten- und Pflegeeinrichtungen. Das Leben der Menschen in diesen Einrichtungen war unwürdig.

Sechstens: Umweltbelastung. Stichwort Bitterfeld, Wolfen, Mansfelder Land. Diese Region war so devastiert, dass man nicht wusste, wo man anfangen und das Geld für die umfassend notwendigen Sanierungen hernehmen sollte.

Siebtens: Zukunftsorientierte Bildungspolitik. Das ganze Bildungssystem war ja politisch durchsetzt. Die Fragen: Welche Lehrer können wir belassen, welche können auf gar keinen Fall weiterbeschäftigt werden, was ist mit den Hochschullehrern, wie reduzieren wir die viel zu hohe Zahl von Beamten, wo müssen wir sofort kürzen, und zwar in den Personal- und Sachetats, alles Fragen von großer Dringlichkeit, aber auch hohem Aufwand.

Achtens: Polizei. Betreuung der Kommunen. Mein erster Besuch noch als Minister der Finanzen galt einer Polizeikaserne. Dort waren alle Polizisten im Innenhof angetreten. Der Kommandeur der Polizei meldete mit gekonntem Gruß und zusammengeschlagenen Hacken: »Keine besonderen Vorkommnisse, Genosse Minister.« Er war sehr überrascht, als ich ihm geantwortet habe: »Vielen Dank. Aber die Zeit mit Genossen ist vorbei.« Ich habe ihm das später erläutert: »Mich als Genosse anzureden, das war übrigens noch nie richtig« (lacht).

Neuntens: Wohnraumbeschaffung. Eigentumsfrage. Ein ganz schwieriges Thema in allen Bundesländern ohne solide Haushalts- und Finanzpolitik. Es gab keine Steuerakademie, keine Ausbildungs- oder Weiterbildungsinstitutionen für Finanzbeamte, keine Kontrollinstanzen, und zahlreiche Eigentumsfragen waren sehr kompliziert und nur langfristig lösbar, zumal dann, wenn die Eigentümer aus einer ausländischen Erbengemeinschaft stammten.

Zehntens: Infrastruktur, vor allem Straßen, Telefon, Heizung und Wasser/Abwasser-Versorgung. Mir war klar, wenn ein Investor grundsätzlich bereit ist hierherzukommen, kann er nicht von Halle nach Magdeburg mehrere Stunden fahren, weil die Straßen so schlecht sind. Und es ist völlig unmöglich, dass er während der Tage, an denen er hier ist, in seinem Betrieb wichtige Mitarbeiter nicht erreichen kann, weil es keine Telefonverbindung gibt. Ich habe häufig die Opposition mitbeteiligt, weil mir wichtig schien, dass in Grundfragen ein breiter Konsens zustande kam.

Viel zu tun.

Übermäßig viel! Ich habe im Ministerium der Finanzen in Sachsen-Anhalt anfangs fünf Mitarbeiter gehabt. Ich saß dort in einem Büro, in dem es einen wackeligen Schrank, einen wackeligen Tisch und zwei wackelige Stühle gab. Auf allen stand aber der Hinweis »Eigentum des Volkes«. Es gab keine Gesetze und kein Personal, keinen Haushalt und keine Finanzhoheit. Das Ministerium der Finanzen hat heute etwa 300 Mitarbeiter, viele Gesetze sind in der Schublade, und wie man einen Haushalt macht, ist inzwischen auch bekannt. Das haben wir damals mit fünf Leuten gemacht. Wir sind oft erst kurz vor Mitternacht zum Essen gegangen. Manchmal haben wir sogar danach noch weitergearbeitet.

Wie waren Ihre Erfahrungen, was die Religion, den Glauben in Sachsen-Anhalt betraf?

Gemischt. Ich kannte die Prozentzahlen der Christen und der Getauften. Aber die ersten Wochen, als ich auch am Wochenende in Magdeburg war und sonntags in die heilige Messe gegangen bin, haben andere Besucher des Gottesdienstes gerne das Gespräch mit mir gesucht, und ich merkte schnell, dass es treue Christen waren, die ich sonntags immer wiedergesehen habe. Als ich zum Ministerpräsidenten gewählt wurde, habe ich eine Neuerung eingeführt: Alle vier Wochen fand für Kabinett und Verwaltungsmitarbeiter ein Gottesdienst statt, mit freiwilliger Teilnahme natürlich, abwechselnd im evangelischen Dom in Magdeburg und in St. Sebastian, der katholischen Kirche. Ich kann mich an das erste Gespräch mit dem katholischen Geistlichen noch genau erinnern. Als ich ihm mein Vorhaben geschildert hatte, lautete seine Antwort: »Muss das sein?« Ich war völlig überrascht. Ich antwortete dann nur: »Ja, das muss sein.« Ich war zuerst betroffen. Aber nachdem ich darüber nachgedacht hatte, in welchem Verhältnis die Kirche zum politischen System gestanden hatte und umgekehrt, war mir klar, der Priester wusste gar nicht, was jetzt neu und in einer Demokratie ganz anders auf ihn zukommen würde.

In einem ersten Gespräch zwischen den Ministern meines Kabinetts und dem evangelischen und katholischen Bischof, zu dem ich eingeladen hatte, habe ich die Einrichtung christlicher Schulen vorgeschlagen, was die Bischöfe für utopisch hielten. Heute gibt es mehrere gut funktionierende christliche Schulen im Land, die sich hoher Beliebtheit und einer großen Nachfrage erfreuen. Später haben wir sogar mit der mehrheitlichen Zustimmung des Landtages den 6. Januar, den Tag der Heiligen Drei Könige, zum offiziellen Feiertag erklärt.

Ein anderes, unvergessliches Religionserlebnis hat sich in Köthen abgespielt. Ein Unternehmer, der einen Wäschereibetrieb im Landkreis Vechta hatte, wollte in Köthen einen neuen Betrieb mit 400 Arbeitsplätzen aufbauen. Das hat er getan. Es ist eine wunderbare neue Fabrik geworden; glückliche, weinende Arbeiter gab es bei der Einweihungsfeier. Das Programm der Einweihungsfeier lautete: Einsegnung, dann Festrede über die neue Situation in Sachsen-Anhalt. Die Einsegnung sollte ein evangelischer Pfarrer vornehmen. Stattdessen hielt er einen Vortrag gegen die Soziale Marktwirtschaft. Eine Einsegnung gab es nicht. Der Investor hatte zwei Busse mit Bürgern aus dem Landkreis Vechta nach Köthen gebracht, die in der Fabrikhalle saßen. Nun musste ich laut Programm meine Festrede halten. Ich bin auf das Podium gegangen und habe gesagt, ich hätte jetzt gewisse Schwierigkeiten. Ich sollte als Minister der Finanzen eine Rede halten, obwohl wir ja gerade schon eine Ansprache gegen die Soziale Marktwirtschaft gehört hätten. Ich könnte die unterlassene Einsegnung nicht vornehmen, weil ich dafür keine Befugnisse hätte. Ich würde den Vorschlag machen: Wir stehen jetzt alle auf und beten ein Vaterunser für eine segensreiche Zukunft dieses neuen Betriebes und seiner Angestellten. Da standen alle Besucher auf. Die rechte Hälfte, Vechta, betete; die andere Hälfte, Köthen, schwieg, weil viele das Vaterunser nicht kannten. Dann habe ich meinen Vortrag gehalten, und der Pfarrer hat schnell die Veranstaltung verlassen.

Wo haben Sie eigentlich gewohnt? Im Interhotel?

In verschiedenen Gebäuden. Ich war am Anfang, im Wahlkampf, froh, dass freundliche Leute, zum Beispiel der Oberbürgermeister von Magdeburg, mir irgendeine Absteige der Kommune zur Verfügung stellten. Ein mir gewährtes Bett hatte eine dreiteilige Matratze; ein Drittel der Matratze war völlig durchgelegen, und die Stahlfedern kamen oben heraus. Später gab es eine private Wohnung in einem Haus des Rates des Bezirks, also in einem Gebäude, das der alten Partei gehörte. Natürlich habe ich dafür auch Miete bezahlt. Bis ich dann irgendwann später, als es eine Möglichkeit gab, eine Wohnung gekauft habe. Die notwendigen Sicherheitsvorkehrungen mussten wir in Kauf nehmen: Sicherheitsglas an den Fenstern, Sicherheitstüren, Überwachungskameras: alles, was vorgeschrieben war.

Sie haben mit Ihrer Familie dort gelebt?

Ja, natürlich. Die beiden älteren Töchter waren schon im Studium. Aber die jüngste, Jahrgang 1979, ist zuerst in Lohne geblieben, wo sich eine Freundin meiner Frau um sie gekümmert hat. Außerdem stand unsere Haushaltshilfe noch zur Verfügung, denn unser Haus in Lohne hatten wir nicht verkauft. Meine Frau ist häufig hin- und hergependelt, eigentlich immer mit einem schlechten Gewissen: wenn sie in Lohne war, mir gegenüber, und wenn sie sich in Magdeburg aufhielt, unserer Tochter Susanne gegenüber. Bis zum Kauf dieser Wohnung gab es immer wieder Angriffe der regionalen Presse im Land mit dem Vorwurf: »Der nimmt seine Aufgabe in Sachsen-Anhalt doch gar nicht ernst, der will wieder zurück nach Niedersachsen, deshalb lässt er ja auch sein Haus dort stehen und hat hier keine feste Bleibe.« Also selbst in solchen privaten Angelegenheiten wird man in der Politik nicht selten mithilfe der Öffentlichkeit unter Druck gesetzt. Die Argumente und ihre Gründe spielen dabei keine Rolle.

Wie haben Sie denn die anderen »Wessis« erlebt, die im Osten aktiv waren? Sie haben das Thema Eigentumsrechte und Eigentumsstreitereien bereits angedeutet.

Ich habe sehr positive und sehr negative Erfahrungen machen dürfen oder müssen. Positive Erfahrungen insofern, als Eigentümer einer Immobilie, auf die sie ja Jahrzehnte verzichten mussten, aus Gründen, die wir alle kennen, sich dieses Eigentum nun plötzlich wieder ansehen und überlegen konnten: Wollen wir das zurückhaben? Und wenn ja, unter welchen Bedingungen? Natürlich waren die Immobilien meistens bewohnt, es sei denn, es ging um ein ganz altes Haus, das verfallen war und nicht mehr bewohnt werden durfte. Nun gab es solche Alteigentümer, die sehr verständnisvoll mit den Mietern, die in ihren Häusern wohnten, verhandelt haben und umgegangen sind. Die sich angehört haben: Wie ist die Familiensituation? Ist die Familie dringend darauf angewiesen, weil sie ein Kleinkind oder mehrere hat? Es gab aber auch solche, die ganz brutal waren, die sagten: »So, nun raus hier. Ihr habt jetzt lange genug darin gewohnt. Ihr wisst, dass es euch nicht gehört. Wir wollen dieses Haus in Kürze zurückhaben!« Es gab Situationen gegenüber älteren Menschen, welche die Nachbarn oder Mitbewohner im Haus auf die Barrikaden gebracht haben. Es gab einen Fall, in dem ein Mitbewohner eines Hauses zu mir kam und sagte: »Der Ablauf da oben war so und so, und diese alten Leute, die wohnen schon so lange darin.« Ich antwortete: »Vielen Dank, dass Sie mir das sagen und sich darum kümmern. Beobachten Sie das mal und geben mir Bescheid, wenn es schlimmer wird.« Dieser Mann kam dann jeden Tag mit einem linierten DIN-A4-Blatt zu mir. Darüber stand groß »Bericht« – zweimal unterstrichen, mit der jeweils beschriebenen aktuellen Situation. Irgendwann wurden oben aus den Fenstern Möbel dieser alten Leute hinausgeworfen, sodass ich eingeschritten bin. Also, auch solche Situationen habe ich erlebt. Dass die Stimmung gegenüber freiwilligen Helfern aus dem Westen gekippt ist, war insbesondere auch eine Folge des Verhaltens mancher Immobilieneigentümer aus dem Westen.

I. Persönliches und Familie

Eltern

Musizieren in der Familie mit Ehefrau Mechthild und den Töchtern Ulrike, Susanne und Brigitte (von links)

Mit der Familie im Urlaub (1993)

Aktiver Basketballer, link Volker Roth, später Fußballbundesliga-Schiedsrichter (1960)

Bis heute großes Interesse an Fußball; hier im Gespräch mit Benno Möhlmann aus Lohne, damals Trainer des Hamburger SV (1988)

Berufung zum Hochschullehrer; rechts die Bischöfe Helmut Hermann Wittler, Osnabrück, und Heinrich Maria Janssen, Hildesheim (1972)

Politische Kontakte, Begegnung mit Ernst Albrecht (links), Ministerpräsident von Niedersachsen (1980)

II. Bundeswehr: aktiv und Wehrübungen (1961–1984)

Aktiver Offizier als Leutnant im Panzerlehrbataillon 93 in Munster-Lager; Besprechung mit einem Feldwebel (1965)

Wehrübung in Niedersachsen, Lagebesprechung mit dem Leitenden Kreisverwaltungsdirektor von Vechta, Jan Bernd Eisenbart (1983)

Beförderung zum Oberstleutnant bei einer Wehrübung in der Panzergrenadierbrigade 31 in Oldenburg (1984)

III. Mitglied des Europäischen Parlaments (1984–1990)

Begegnung mit Bundeskanzler Helmut Kohl (1984)

Erste Rede im Plenum des Europäischen Parlaments in Straßburg (1984)

Gespräch mit Jacques Delors, Präsident der EU-Kommission, Brüssel (1986)

Empfang einer Delegation des Europäischen Parlaments durch den Präsidenten Argentiniens, Raúl Alfonsín, in Buenos Aires (1987)

Gedankenaustausch mit dem Außenminister von Guatemala, Alfonso Cabrera Hidalgo, und Marcelle Lentz-Cornette, MdEP aus Luxemburg, in Guatemala (1988)

Verleihung des Europäischen Kulturpreises an die Gewinnerin Vera Fehl, Gymnasium Oldenburg, in Stapelfeld/Niedersachsen (1988)

Eröffnung der Ausstellung »Grafik und Malerei« des Künstlers Albert Bocklage aus Vechta im Europäischen Parlament in Straßburg (1989)

IV. Ministerpräsident von Sachsen-Anhalt (1991–1993)

Gespräch mit dem Präsidenten der USA, George Bush, in Washington, mit dabei Außenminister Hans-Dietrich Genscher (Okt. 1991)

Verabschiedung der 3. Sowjetischen Stoßarmee aus Magdeburg (Dez. 1991)

Gedenken in der »Halle der Erinnerung« in Yad Vashem, Israel (1992)

Empfang durch den Bürgermeister von Jerusalem, Teddy Kollek, in Israel (1992)

Gedankenaustausch mit Außenminister Shimon Peres, Israel (1992)

Gespräch mit Ministerpräsident und Minister der Verteidigung, Yitzhak Rabin, Israel (1992)

Besuch von Königin Silvia von Schweden in Sachsen-Anhalt (1992)

Gespräch mit Bundespräsident Richard von Weizsäcker in Magdeburg (1992)

Aktion »Kinder helfen Kindern« der Nordwest-Zeitung, Oldenburg, in Bitterfeld (1992)

mpfang einer Gruppe von Menschen mit Behinderung (1993)

V. Bulgarien (2003–2011)

Einweihung des Krankenhauses Sv. Ekaterina in Sofia, links der Ärztliche Direktor, Prof. Dr. Alexander Tschirkov, rechts daneben der Patriarch der orthodoxen Kirche von Bulgarien, Maxim (2001)

Besprechung mit dem Ministerpräsidenten von Bulgarien, Simeon von Sachsen-Coburg und Gotha, und der Botschafterin der Bundesrepublik Deutschland in Bulgarien, Ursula Seiler-Albring (2002)

VI. Aserbaidschan (2005–2010)

Besprechung mit dem Minister der Justiz von Aserbaidschan, Fikrat Mammadov (rechts), über die Wahlvorbereitungen im Land (2005)

VII. Gegenwart

Vortrag beim Kongress »Freude am Glauben« in Fulda (2017)

8. Kapitel:

»Das war eine Frage des Ehrgefühls«: Vermeintlicher Skandal und Freispruch erster Klasse

Wie ging es nach der Regierungserklärung, dem 10-Punkte-Plan für Sachsen-Anhalt, weiter? Was genau war zu tun?

Die Wirtschaft lag am Boden, was nicht zuletzt daran lag, dass der Absatzmarkt im Osten weggebrochen war. Es gab die ganzen Exportadressaten im Osten nicht mehr, wie es sie früher gegeben hatte, die als verpflichtende Quoten für den Export in bestimmte Länder festgeschrieben waren. Wir mussten eine neue Landesbank gründen. Die Justiz musste neu aufgebaut werden, die gesamte Staatsanwaltschaft und Richterschaft mussten durchleuchtet werden. Es waren Neubesetzungen erforderlich. Ich habe selbst erlebt, dass im Landgericht in Verhandlungssälen zwischen dem Richterstuhl und dem Stuhl der Staatsanwaltschaft kein Zwischenraum war – die saßen nebeneinander! Das war ein Symbol für die inhaltliche Zusammenarbeit, für die Absprachen, die zwischen Richter und Staatsanwalt in der DDR-Zeit getroffen wurden.

Ich habe die Infrastrukturproblematik erwähnt: Straßen, Telefone. Umweltfragen im Raum Bitterfeld. In unserem Land gab es große Braunkohlefelder, deren weitere Nutzung unklar war. Die ganze Fotoindustrie, *Kodak* in Wolfen zum Beispiel, war weggebrochen. Die Krankenhäuser, Altenheime, Pflegeheime, Behinderteneinrichtungen waren renovierungsbedürftig. Es mussten neue Geräte, Apparaturen angeschafft werden. Freie Arztwahl war nicht bekannt ... Dazu kam die ideologische Verwüstung. Ich besuchte einmal einen Kindergarten und fand dabei in einem Nebenraum, den man mir zunächst nicht öffnen wollte, alte Plakate von Konrad Adenauer, auf die von den Kindern in der DDR-Zeit mit Gummigeschossen geschossen worden ist. Das war ein beliebtes Spiel. Wir hatten alte Kader in den Betrieben, die insbesondere als Personalchefs ihre alte Rolle weiterspielten und Bürger, die sie vorher schon einmal aus politischen Gründen entlassen hatten, nun wieder vor sich sahen und zum zweiten Mal nach Hause schickten – was häufig in den Bürgersprechstunden ein Thema in den Gesprächen mit mir war.

Woher wussten Sie bei Personalfragen in der Verwaltung oder im öffentlichen Dienst, wem Sie trauen konnten – politisch und was die Kompetenz betrifft?

Das war immer schwierig. Wenn wir irgendeine Stelle besetzen wollten und bei bestimmten Bewerbern kein so gutes Gefühl hatten, gab es oft die Frage: Lassen wir die Stelle weiter unbesetzt, was bedeutete, dass die Arbeit weiterhin nicht getan werden konnte, oder machen wir einen Kompromiss und nehmen auch mal jemanden, von dem wir nicht ganz überzeugt sind und vielleicht sogar meinen, dass er ungeeignet für diese Stelle ist, damit überhaupt die Chance besteht, dass die Arbeit getan wird? Bezüglich einer Stasi-Belastung halfen uns manchmal Informationen von Bürgern, die ihre Akten von der Gauck-Behörde angefordert und eingesehen hatten. Ansonsten halfen nur Menschenkenntnis und geschicktes Nachfragen bei Bewerbungsgesprächen. Die wenigen Mitarbeiter, die ich hatte, standen unter sehr großer Belastung – einen Achtstundentag gab es nicht, sechzehn bis achtzehn Stunden, oft auch viele Stunden an Wochenenden, waren keine Seltenheit. Da haben viele Mitarbeiter große Opfer gebracht und sind an ihre Belastungsgrenze gegangen.

Wie sah die Unterstützung durch die Gauck-Behörde genau aus?

Es gab die Überprüfungen der politisch Verantwortlichen, vor allem zunächst der Minister meines Kabinetts. Ich habe, was nicht jedes neue Bundesland gemacht hat, nicht nur die Ost-Minister durch die Gauck-Behörde überprüfen lassen, sondern auch die West-Minister, weil ich wollte, dass da eine gleichwertige Prüfung stattfindet. Nachträglich haben wir dann ja auch häufig erfahren, dass es genügend Personen im Westen gegeben hat, die für das DDR-System spioniert haben. In meinem Kabinett gab es zwei belastete Minister aus dem Osten. Ich sehe noch Joachim Gauck als Beauftragten für die Stasi-Unterlagen in der Staatskanzlei mir gegenübersitzen, wo er mir die Personalakten und Beweise für diese Stasi-Tätigkeiten vorgetragen und belegt hat. Es waren ein CDU-Minister und ein FDP-Minister, beide aus der DDR, die ich sofort entlassen habe. Die Frage der Nachfolger für diese beiden Minister musste natürlich auch wieder schnell geregelt werden, was in Absprache mit der FDP zügig geschehen ist.

Wie verlief die Abstimmung mit dem Bundeskanzler?

Es gab viele Abstimmungsrunden unterschiedlicher Art. Der Bundeskanzler war in der Frage der deutschen Einheit natürlich besonders stark interessiert und engagiert. Es hat viele Gesprächsrunden im Kanzleramt gegeben – mal mit allen Ministerpräsidenten oder nur mit den Ministerpräsidenten der neuen Bundesländer oder nur mit den Ministerpräsidenten der CDU-regierten Länder. Helmut Kohl hatte einen Beauftragten Ost, Johannes Ludewig, einen erfahrenen Wirtschaftswissenschaftler und Beamten, der auch oft nach Sachsen-Anhalt kam.

Er selbst kam nicht mehr?

Doch, doch. Es gab auch große Runden mit Helmut Kohl in Sachsen-Anhalt, zum Beispiel bei den Leuna-Werken. Nach einer langen Gesprächsrunde erhielt er von der Belegschaft einen Geschenkkorb mit Esswaren, den er mit Freude annahm. Zu mir sagte er dann: »Früher, da taugten die Ministerpräsidenten noch etwas. Die hätten Brötchen besorgt, und da hätte ich jetzt im Hubschrauber ein zweites, gutes Frühstück nehmen können.« Ich antwortete ihm: »Herr Bundeskanzler, es gibt auch heute noch gute Ministerpräsidenten. Ich habe eine große Tüte Brötchen besorgt. Freuen Sie sich schon jetzt auf Ihr zweites Frühstück im Hubschrauber.«

Er hat den Geschenkkorb im Hubschrauber – ich saß ihm gegenüber, weil anschließend in Bonn wieder eine Konferenz stattfand – begutachtet und sofort den Schwartenmagen selbst angeschnitten, nachdem er sich vorher sein Jackett aus- und die Strickjacke angezogen hatte. Was mich dann besonders beeindruckte: Einen großen Teil der Esswaren gab er der

Flugzeugbesatzung und den Rest, der dann noch im Korb verblieben war, bekam ein Mitarbeiter mit dem Hinweis: »Das kommt mit nach Oggersheim, das ist für Hannelore.«

Sind Sie dann öfter auch allein mit dem Hubschrauber zwischen Bonn und Magdeburg hin- und hergedüst?

Viele Leute denken ja, so ein Ministerpräsident setzt sich immer, wenn er ihn braucht, in einen Hubschrauber. Dann fliegt er schnell irgendwohin, um Zeit zu sparen. Es gibt für den Hubschrauber-Einsatz aber klare Vorschriften. Wenn irgendeine Veranstaltung mit dem Kanzler noch mit einer Parteiveranstaltung verbunden war, gab es besondere Einschränkungen. Man konnte sich also nicht beliebig in einen Hubschrauber setzen. Insofern gab es auch viele Stunden, in denen ich mit dem Auto unterwegs gewesen bin: immer mit Akten, immer mit Diktiergerät, immer mit Arbeit. In einem gepanzerten Auto Hunderte Kilometer zu fahren, ist alles andere als angenehm; zumal die Sicherheitsvorschriften strikt waren – ich war damals, wie andere auch, in der Sicherheitsstufe 1, also Rund-um-die-Uhr-Bewachung: Personen- und Objektschutz. Dies war nach dem Mord am Chef der Treuhand, Detlev Karsten Rohwedder, am 1. April 1991, angeordnet worden. Bei Fahrten mussten die beiden gepanzerten Fahrzeuge, egal mit welcher Geschwindigkeit, ziemlich dicht hintereinanderfahren. Natürlich waren das gut geschulte Fahrer, die Spezialkurse gemacht hatten – aber trotzdem ... Es hat auch einmal einen Unfall gegeben, der unerfreulich war, zumal ein solcher Vorfall sofort öffentliche Diskussionen auslöst. Es gab also eine Menge Verpflichtungen und Reisen nach Bonn, Berlin und an andere Orte, die immer mit einem hohen Aufwand verbunden waren.

Sie haben sicher auch eine Reihe von ausländischen Kontakten knüpfen können. An welche Begegnungen erinnern Sie sich?

Ich habe schon etwas gesagt zu der Notwendigkeit, die ich gesehen habe, die Beziehung zu Israel zu fördern und die gemeinsame Verantwortung der Deutschen für die Vergangenheit, die eben nicht ausschließlich eine Verantwortung West war, sondern auch eine Verantwortung Ost, zu betonen, gerade weil sie lange geleugnet worden war. Deshalb war es für mich eine ganz besondere Freude und Ehre, israelischen Politikern wie Shimon Peres und Teddy Kollek begegnen zu dürfen. Schweden hatte in der Vergangenheit eine Reihe von Kriegen gegen Deutschland geführt, wie wir wissen. Sachsen-Anhalt war ein Land, in dem die Schweden in früheren Zeiten sehr aktiv waren. Es gibt mehrere Denkmäler, die auf diese Zeit hinweisen. Mit Königin Silvia verlief der Kontakt aber friedlich (lacht).

Hatten Sie auch Kontakt zu Bundesaußenminister Hans-Dietrich Genscher, der doch ein Kind dieser Region war?

Hans-Dietrich Genscher kam aus der Region Halle: Insofern lag ihm die Politik in Sachsen-Anhalt immer sehr am Herzen. Was für mich manchmal den Nachteil hatte, dass, wenn mich irgendein Veranstalter anrief und fragte, ob ich bereit sei, eine Schirmherrschaft für irgendein besonderes Ereignis zu übernehmen, ich dann einen Tag später hörte, dass Hans-Dietrich Genscher diese schon übernommen hatte. Also Hans-Dietrich Genscher war bemüht, eine starke Präsenz in Sachsen-Anhalt zu zeigen. Er hat zum Beispiel eine Veranstaltung für deutsche Investoren in den Vereinigten Staaten initiiert.

Zu dieser Reise in die USA hat er einige Personen aus Sachsen-Anhalt eingeladen. Es waren auch ein paar wenige Minister und ich als Ministerpräsident mit dabei. Irgendwann auf dem Hinflug, als es schon später war und die meisten Lichter im Flugzeug ausgegangen waren, hat er mich gefragt, ob ich ihm folgen wolle, es gäbe eine Schlafkabine für mich (im Flugzeug waren zwei). Es wäre vielleicht aufgrund der folgenden Tage in den USA nicht schlecht, wenn ich noch ein paar Stunden schlafen würde. Eigentlich waren die beiden Schlafkabinen für ihn und seine Frau bestimmt, weshalb es mir unangenehm war, sein Angebot anzunehmen. Er hat mir dann aber gesagt: »Nein, nein, wir können zusammenrücken. Gehen Sie nur beruhigt schlafen«, was ich dann auch getan habe.

Sie haben die erhöhten Sicherheitskontrollen angesprochen. Diese standen nicht nur in engem Zusammenhang mit dem Mord an Treuhandchef Detlev Karsten Rohwedder, sondern auch mit der Entdeckung von RAF-Mitgliedern in den neuen Bundesländern. Wie belastend war dieser permanente Schutz? Hatten Sie manchmal Angst um Ihr Leben oder das Ihrer Familie?

Die Ministerpräsidenten der neuen Länder und einige andere Minister, vor allem die Ressorts Inneres und Justiz, waren aufgrund dieser Vorkommnisse in der Sicherheitsstufe 1, also Rund-um-die-Uhr-Bewachung. Das heißt, wenn ich nach Lohne gefahren bin, wurden meine Familie und ich, einschließlich des Wohnobjektes, bewacht. Das Prinzip der Personenüberwachung galt uneingeschränkt, unabhängig von meinem Aufenthaltsort. Ich habe einmal versucht, mich dem Ganzen zu entziehen und den Innenminister für diesen Fall die Gesetzeslage prüfen lassen: Kann ich eigentlich sagen, ich will das nicht? Mir ist beschieden worden: Natürlich können Sie das sagen, aber Sie übernehmen dann selbst die volle Verantwortung. Wenn Ihnen oder einem Mitglied Ihrer Familie irgendetwas passiert, kommt der Staat für nichts auf. Da habe ich dann davon Abstand genommen. Nun musste ich irgendwann auch mal Urlaub machen mit meiner Familie. Wir sind meistens aufgrund der besonderen Sicherheitssituation getrennt gefahren – egal ob mit dem Auto oder mit dem Zug. Wir waren gerne um Ostern, kurz vor oder nach den Ferien, wenn es bei der Schneelage noch möglich war, in einem Skigebiet in der Schweiz im Wallis. Da stellte sich dann, wenn es in der Karwoche war, die Frage: Was tun wir denn mit den zwei Sicherheitsbeamten, dem Fahrer und dem Personenschützer, bei den Gottesdiensten in der Karwoche? Ich erinnere mich noch sehr gut, dass wir dort einmal in der Karfreitagsliturgie in der Kirche in Saas-Fee waren. Die beiden Beamten, die damals dabei waren, fragten mich, wie ich das denn haben möchte während des Gottesdienstbesuches. Ich habe den beiden völlig selbstverständlich gesagt: »Sie kennen doch Ihren Auftrag, natürlich gehen Sie mit.« Dann wollten sie wissen, wo sie sich platzieren sollten. Ich habe ihnen geantwortet: »Also, wir wollen das nicht so aufdringlich machen. Gehen Sie irgendwo an die Seite, sodass Sie in der Kirche Blickkontakt mit mir halten können.« So taten sie es auch. Irgendwann kam nun die Kreuzverehrung. Das Kreuz stand vorne und die Kreuzverehrung erfolgte bankweise, ohne dass irgendjemand sitzen blieb. Einer der beiden Personenschützer nahm, als er sah, dass die Leute nach vorne gingen, Blickkontakt mit mir auf. Der Blick sollte fragend zum Ausdruck bringen: Sollen wir da mitgehen oder nicht? Ich habe genickt. Die beiden haben dann zum ersten und vielleicht einzigen Mal in ihrem Leben an einer Kreuzverehrung teilgenommen.

Konnten Sie in diesem ganzen Aufbruchschaos der Wiedervereinigung (Treuhandanstalt, Solidarpaktverhandlungen) eigentlich ordentlich planen? Gab es nicht jeden Tag neue Überraschungen und Ungewissheiten?

Den Begriff Chaos möchte ich ein bisschen weicher formulieren. Natürlich gab es vieles, was überraschend war, was von jetzt auf nachher als neues Problem plötzlich auf dem Tisch lag, weil von irgendwoher Widerspruch kam, weil irgendwo wieder ein Betrieb zusammengebrochen war, weil irgendwo wieder Hunderte Arbeiter entlassen werden mussten, weil es keine Arbeit mehr gab, was ja ungewohnt war für die Menschen. Ich habe zum Beispiel einmal eine Schuhfabrik besichtigt. Beim Durchgang durch den Betrieb habe ich gefragt: »Was soll denn eigentlich diese Mauer? Was ist dahinter? Ich habe den Eindruck, da ist irgendeine Öffnung.« Und tatsächlich: Abends wurden die Schuhregale vor diese Mauer, die geöffnet wurde, geschoben: mit Schuhen, die man nicht verkauft hatte. Hinter der Mauer war ein Fluss, und die Regale wurden abgekippt, weil man ja jeden Tag nachweisen sollte, dass man sein Soll erfüllt hatte und alle Schuhe verkauft waren. Unglaublich.

Ich war bei den Solidarpaktverhandlungen dabei, häufig in Bonn zu Gesprächen mit dem Bundeskanzler, war in bestimmten Gremien der Treuhand als Mitglied, habe auch nicht selten den Wirtschaftsminister zu bestimmten Sitzungen nach Berlin geschickt, weil ich selbst alles gar nicht wahrnehmen konnte. Die Zahl der Sitzungen und im Laufe der Zeit auch Einweihungen war enorm. Man konnte sich nicht immer auf alles einstellen und persönlich teilnehmen, denn auch auf dem Schreibtisch lag genug Arbeit. Insofern mussten wir manchmal schon sehr kreativ und flexibel sein. Wir hatten zudem ja auch immer schnell die Straße gegen uns. Demonstrationen von arbeitslos gewordenen Menschen gab es öfter. Wir haben ihnen auch keine Zusagen gemacht, wenn wir nicht genau wussten, ob wir sie einhalten konnten. Das war besonders schwer und belastend.

Ende des Jahres 1991 übernahmen Sie den CDU-Landesvorsitz in Sachsen-Anhalt. Sie wollten Ihre Machtposition ausbauen. Wie loyal war man Ihnen, dem »Wessi«, gegenüber? Es gab laut »Geschichte der CDU« Gegenkandidaten und einen Fraktionsaustritt.

Der Gedanke des Machtausbaus ist naheliegend, aber das war damals bei mir überhaupt kein Argument. Im Gegenteil: Ich hatte mich lange dagegen gewehrt, den Landesvorsitz zu übernehmen. Die Situation war so: Gerd Gies war als Landesvorsitzender 1991 zurückgetreten. Es gab am 30. November 1991 in Wolmirstedt einen Landesparteitag. Ich hatte bis kurz vor diesem Parteitag immer gesagt: Ich möchte nicht Landesvorsitzender werden (natürlich gab es eine Reihe von Anfragen). Ich möchte gerne, dass den Parteivorsitz einer aus der CDU Sachsen-Anhalt übernimmt. Aber nun gab es da einen Fraktionsvorsitzenden, Joachim Auer, der aus Baden-Württemberg gekommen war. Der wollte es werden. Joachim Auer war zu der Zeit, Herbst 1991, politisch schon umstritten, weil er häufig Einzelentscheidungen gefällt und öffentliche Erklärungen abgegeben hatte, die weder mit der Fraktion noch mit der Regierung abgesprochen waren. Es war ihm aus verschiedenen Richtungen der Partei bedeutet worden: Es wird schwierig, eine Mehrheit für dich zu finden. Dann hat er erfahren, dass insbesondere aus den Kommunen Landräte und Bürgermeister mich bedrängten und mehrfach irgendwelche Delegationen in die Staatskanzlei kamen und sagten: Sie müssen das machen, die Regierung muss in der Partei auch Positionen beziehen und durchzusetzen versuchen, weil sonst die Fraktion unter diesem Vorsitzenden eines Tages instabil und nicht mehr verlässlich ist. Ich habe mich überzeugen lassen: »Also gut, wenn keiner aus Sachsen-Anhalt da ist und das machen will, dann tue ich das.« Darüber war der Fraktionsvorsitzende verärgert und hat zwei Mitglieder der Fraktion überredet, eben um die Position der Fraktion weiter zu stärken, zu kandidieren. Das waren die Abgeordneten Bernhard Ritter und Christoph Bergner. Wir drei haben kandidiert. Ich wusste natürlich, dass aus der Fraktion viele Anhänger ihre Fraktionsmitglieder wählen würden und nicht mich, weil sie gedacht haben, das Amt des Ministerpräsidenten reicht, und was ist dagegen zu sagen, wenn die Fraktion politische Stärke gegenüber der Regierung entwickelt. Ritter bekam damals 21 Stimmen, Bergner 90, und ich bekam im ersten Wahlgang 134 Stimmen, also die absolute Mehrheit. Damit hatte Auer nicht gerechnet, und darüber war er sehr verärgert. Er hat dann noch auf dem Landesparteitag seinen Rücktritt erklärt und den Saal verlassen. Ich war also nun Nachfolger von Gerd Gies auch im Parteivorsitz und dies zwei Jahre lang bis zum Dezember 1993. Nachfolger von Auer als Fraktionsvorsitzender wurde Christoph Bergner.

Zu den Widrigkeiten des Regierens in Sachsen-Anhalt gehörten die Spekulationen um Ihren Umweltminister Wolfgang Rauls (FDP), von dem ein Bürgerrechtler behauptet haben soll, früher ein inoffizieller Mitarbeiter des Ministeriums für Staatssicherheit gewesen zu sein. Der »Spiegel« warf Ihnen und einem anderen Minister daraufhin vor, Erkundigungen über Rauls beim Verfassungsschutz eingeholt und dies in der Öffentlichkeit bestritten zu haben. Damit wurden Ihnen selbst praktisch Schnüffelmethoden unterstellt.

Ich erinnere mich gut daran, dass der »Spiegel« immer irgendwelche Versuche unternommen hat, mit Unterstellungen die Labilität meiner Regierung herbeizuführen mit dem Ziel ihres Sturzes. Die überraschenden CDU-Regierungen in den neuen Bundesländern waren von vornherein nicht bei jedem Medium beliebt. Der erste mehrtägige Besuch eines Redakteurs des »Spiegels« in Sachsen-Anhalt, der mich bei allen Tätigkeiten und Aktionen begleitete, endete im Schlussgespräch zwischen uns mit seinem Satz: »Ich hatte ganz andere, nämlich negative Vorstellungen von Ihnen vor meinem Besuch, die sich leider nicht bewahrheitet haben. Aber Sie können sich darauf verlassen: Es wird eine ›Spiegel‹-Geschichte.« Das muss man wohl nicht weiter kommentieren. Ich habe bei Übernahme des Amtes als Ministerpräsident im Sommer 1991 sofort die Überprüfung aller meiner Kabinettsmitglieder eingeleitet, und zwar – wie schon gesagt – sowohl der Minister West als auch der Minister Ost, und das auf dem ordnungsgemäßen Weg der Überprüfung durch die damalige Gauck-Behörde. Bei dieser Überprüfung gab es Gerüchte und von verschiedenen Seiten Hinweise an mich, was den FDP-Minister Wolfgang Rauls betraf, nicht nur aus CDU-Reihen, auch aus anderen Kreisen, die es gut mit mir gemeint haben, nach dem Motto: Nicht, dass du eines Tages Schwierigkeiten bekommst, weil du leichtfertig zu vertrauensvoll gewesen bist. Ich habe mir solche Aussagen angehört, habe sie aber zu keinem Zeitpunkt zum Anlass genommen, selbst oder durch Beauftragung an Minister oder andere Mitarbeiter solche Überprüfungen vorzunehmen. Dafür war die Gauck-Behörde da. In deren Aufgaben habe ich mich nicht eingemischt. Eines Tages bekam ich bei einem Aufenthalt in Bonn die telefonische Anfrage, ob ich bereit wäre, den Präsidenten des Verfassungsschutzes zu treffen, der gerne ein Gespräch mit mir führen würde. Ich hatte um ein solches Gespräch nicht gebeten und ich wusste auch überhaupt nicht, worum es bei diesem Gespräch gehen sollte. Ich dachte mir, wenn der Präsident des Verfassungsschutzes dieses Interesse hat, wird es wohl einen Grund dafür geben. Dann kann er gerne mit mir sprechen. Ich habe für ein Treffen beim Frühstück im Hotel, in dem ich übernachtet hatte, zugesagt. Daran sieht man auch, dass ich überhaupt keine Veranlassung hatte, das zu tabuisieren, sonst hätte ich mich nicht im Frühstücksraum eines Hotels mit dem Präsidenten getroffen. Er gab mir Hinweise auf Verdächtigungen in Bezug auf Wolfgang Rauls und sagte mir zusätzlich – es gab so etwas wie ein Nebenbüro des Verfassungsschutzes in Magdeburg –, dass einige Hinweise aus Magdeburg gekommen seien, auch von Bürgerrechtlern. Ich habe mir alles angehört, und das war's. Im Ergebnis bleibt wichtig: Ich habe zu keiner Zeit eine Untersuchung veranlasst, zu keiner Zeit einen Auftrag gegeben zu einer, wie es damals hieß, Bespitzelung. Man sieht schon an der Begrifflichkeit, wie die Stasi-Gedankengänge kursierten und weitergetragen worden sind.

Es wurde schließlich ein parlamentarischer Untersuchungsausschuss eingesetzt, der zum ersten Mal im Oktober 1992 zusammentrat. Dieser Ausschuss tagte bis Juni 1994 – da war ich schon ein halbes Jahr weg aus Sachsen-Anhalt. Es fanden 32 Sitzungen statt, 49 Zeugen wurden gehört, der Abschlussbericht liegt schriftlich vor. Die SPD versuchte als Opposition damals, Formulierungen, die nicht justiziabel waren, zu benutzen, die den Anschein erweckten: »Na, vielleicht hat er doch ...«, alles Annahmen und Unterstellungen, aber keine Beweise. Zusätzlich gab es ein absolut klares Sondervotum der CDU, aus dem ich wenige Sätze zitiere: »Bezüglich des Hauptgegenstandes der angeblichen Ausspähung hat sich bald herausgestellt, dass weder der frühere Ministerpräsident Dr. Werner Münch noch ein Minister oder Mitarbeiter der Landesregierung Veranlassung gegeben haben, in der Angelegenheit Rauls tätig zu werden, insbesondere Nachforschungen anzustellen. Es gab auch von Anfang an keine wirklichen Hinweise, die den Verdacht einer Ausspähung durch die Landesregierung hätten begründen oder nahelegen können.« Das ist so eindeutig und entspricht auch den Tatsachen, dass wir über andere Spekulationen und Unterstellungen in diesem Zusammenhang gar nicht weiterreden müssen. Nur eins war klar bei dieser Inszenierung: Es war der Versuch, mich und meine Regierung zu stürzen, natürlich wieder mit Unterstützung des »Spiegel«.

Sie haben die Begegnung mit Joachim Gauck erwähnt wegen der belasteten Minister Ihres Kabinetts. Auch Ihr Gehalt und die Gehälter Ihrer Minister waren Gegenstand von politischen und medialen Attacken, die zu einer großen Kampagne anwuchsen.

Die Situation war damals so: Die neuen Länder hatten noch keine eigene Haushalts- und Finanzhoheit. Wir waren vom Bund abhängig. Das Kabinett umfasste Minister Ost und

Minister West. Diejenigen, die aus dem Westen als Minister in das Kabinett Sachsen-Anhalt kamen, hatten die Zusage der Bundesregierung, für 100 Prozent Westgehalt zu arbeiten, also ein Gehalt, wie es die Minister im Westen bekamen. Das war völlig unbestritten und wurde auch nicht weiter hinterfragt. Im öffentlichen Dienst war damals die Situation so, dass die Besoldungshöhe Ost 49 Prozent betrug gegenüber 100 Prozent West. Die Ost-Minister im Kabinett Gies und im Kabinett Münch wollten auch keine 100 Prozent wie die West-Minister bekommen, weil sie sagten, es wäre völlig unmöglich, das Doppelte von dem zu verdienen, was der Ost-Tarif vorgibt. Wir gingen davon aus, dass diese Tarifhöhe in den folgenden Jahren prozentual immer weiter angehoben und auch für alle Beamten in den neuen Ländern gelten würde, bis auch sie eines Tages bei 100 Prozent ankämen. Als Minister der Finanzen war ich zuständig für den Kabinettsentwurf »Ministerbesoldung«. Ich habe also einen Entwurf für das Kabinett zur Entscheidung im Dezember 1990 erstellen lassen. Die wesentliche Frage war: Wie formulieren wir jetzt juristisch, dass es diese unterschiedliche Ministerbesoldung Ost und West gibt? Und wie gehen wir gesetzmäßig mit der Tatsache um, dass sich die Tarifsituation Ost ständig verändert, wir aber deshalb nicht jedes Mal das Ministergesetz ändern wollen? Ein Mitarbeiter aus dem Westen, ein junger Jurist, hat eine Formulierung für das Ministergesetz gefunden, dass die West-Minister 100 Prozent Westgehalt bekommen sollten, wenn sie vorher so viel verdient hatten, und die Ost-Minister ihr Gehalt nach der jeweils aktuellen Tarifhöhe der Besoldungsordnung Ost. Dies sollte dann im jeweils jährlichen Haushaltsgesetz geregelt werden. Nun kam es auf die juristische Formulierung der bisherigen Vergütungen der West-Minister an. Der hiermit betraute Mitarbeiter unterbreitete mir den Vorschlag, ins Gesetz hineinzuschreiben: »bisherige Bruttovergütung«. Wenn also die bisherige Bruttovergütung der Minister aus dem Westen 100 Prozent West betrug, dann haben sie diese auch künftig bekommen, wenn sie früher darüberlagen, haben sie nicht mehr bekommen, sondern bei 100 Prozent war Schluss. Wenn sie daruntergelegen haben, haben sie weniger bekommen. Ich weiß noch, dass ich meinen Mitarbeiter ausdrücklich gefragt habe, ob dieser Begriff »bisherige Bruttovergütung« juristisch eindeutig sei. Er hat die Frage bejaht; aber genau an dieser Frage hat sich der vermeintliche Skandal der Höhe des Gehaltes für die Minister West entzündet.

Man hat in der Öffentlichkeit versucht, den Eindruck zu erwecken, dass Sie und die Westminister sich mithilfe der umstrittenen Formulierung mehr Geld zuschustern wollten, als Ihnen zustand.

Das war leider so. Dieser Begriff war sowohl für bestimmte Medien als auch für bestimmte Politiker in Sachsen-Anhalt ein »gefundenes Fressen«, um ein Skandalfeld aufzumachen und zu behaupten, dass die West-Minister sich mehr Geld zugeschustert hätten, als ihnen zugestanden habe. Dabei ging es bei dem Begriff »bisherige Bruttovergütung« um etwas ganz anderes. Die West-Minister kamen aus unterschiedlichen Funktionen: Der eine war stellvertretender Fraktionsvorsitzender einer Fraktion im Saarland, der andere war Europaabgeordneter, wieder ein anderer kam aus der Bürgerschaft in Hamburg. Die eigentliche Frage lautete: Was ist denn bei so unterschiedlichen Funktionen eine »Bruttovergütung«? Bekommt zum Beispiel der Europaabgeordnete, wenn er an Sitzungen in Brüssel oder Straßburg teilnimmt, Tagegelder – ist das nun »Bruttovergütung« oder nicht? In jedem Fall steht ihm dieses

Tagegeld steuerfrei zur freien Verfügung zu. Ist es also Teil seiner »Vergütung«?

Vom damaligen Landesrechnungshofpräsidenten bekamen Sie und Ihr Kabinett keine Unterstützung?

Der Landesrechnungshofpräsident – ein Volkswirt, kein Jurist – hat einen Prüfbericht zu dieser Formulierung erstellt, den er nach der Verfassung eigentlich mit der Regierung hätte besprechen müssen, bevor er ihn der Öffentlichkeit präsentierte, was er aber nicht getan hat. Er hat, aus welchen Gründen auch immer, die Diskussion erst richtig entfacht. Aufgrund der damaligen Gesetzesänderungen, die ständig kamen, auch in den Besoldungsverordnungen und den Übergangsverordnungen, wäre diese Diskussion aber gar nicht nötig gewesen. Sie wurde jedoch von einem Nichtjuristen betrieben, der von mir aus guten Gründen nicht zu meinem Nachfolger als Minister der Finanzen ernannt worden war, obwohl er es unbedingt werden wollte, und der jetzt eine große Chance sah, sich bei dieser von ihm in der Öffentlichkeit entfachten und weiterbetriebenen Diskussion zu revanchieren, was er auch gegen gesetzliche Bestimmungen tat.

Am 28. November 1993 war Schluss mit dem Regieren. Sie traten zurück. In Ihrer Erklärung betonten Sie, dass dies in dem Bewusstsein geschehe, »dass weder einen Minister noch mich irgendeine Schuld trifft, dass weder ein Minister noch ich irgendeine unrechtmäßige Zahlung erhalten hat, dass die Minister, wie ich auch, lediglich, wie ihnen vor Amtsantritt zugesagt, ihr im Ministergesetz vorgesehenes und wie auch in anderen Ländern übliches, normales Gehalt erhalten haben. Die öffentliche Diskussion ist jedoch derart vergiftet, dass sie diesen Sachverhalt nicht mehr zur Kenntnis nimmt. Der Rufmord erfüllt mich mit Zorn und ist ehrverletzend.« Das waren sehr deutliche Worte: Rufmord, Zorn und Ehrverletzung. Wie sind Sie mit dieser Situation fertiggeworden?

Ich bin mit dieser Situation zuerst außerordentlich schlecht zurechtgekommen, weil es eine unerträgliche Situation war. Das Wort Rufmord nehme ich deshalb auch nicht zurück. »Raffkes« und »Absahner« wurden wir und vor allem ich als der politisch Verantwortliche in der Öffentlichkeit genannt. Das war zutiefst verletzend und unfair. Nur zwei Beispiele: Nachdem ich Sachsen-Anhalt verlassen hatte, rief mir auf dem Marktplatz in Lohne plötzlich jemand von der anderen Seite des Marktplatzes laut zu: »He, was ist denn mit dir los, du läufst ja immer noch frei herum. Ich dachte, du würdest schon längst im Knast sitzen.« Oder: Als meine Frau und ich eines Tages in Hannover auf der Suche nach einem Musikgeschäft waren und ich meine Frau fragte: »Das war doch hier?«, hörte ich die Stimme einer fremden Frau neben mir, die ich überhaupt noch nie in meinem Leben gesehen hatte, die sagte: »Ich kann Ihre Frage nicht beantworten, aber Sie Schwein wollte ich immer schon mal kennenlernen« –, woraufhin sich die Frau umdrehte und wegging. Solche Dinge habe ich mehrfach erlebt. Auch eine wochenlange Krankheit musste ich durchstehen. Das war die Folge dieser unglaublichen Medienkampagne. Selbst meine Kinder mussten an der Universität und Schule darunter leiden. Die Jüngste, Susanne, die in der Schule in Magdeburg war, haben wir aus dieser Schule herausgenommen. Sie ist wieder nach Niedersachsen in ihre alte Schule zurückgegangen. Es war eine meiner wesentlichen Fragen beim Weggang aus Niedersachsen an die Direktorin dieser Schule: »Was immer passiert: Wenn wir zurückkommen, kann meine Tochter wieder in die Klasse zurück?« Sie antwortete: »Selbstverständlich, sofort.« Und so geschah es dann auch. Gott sei Dank hatten wir unser Wohnhaus in Lohne nicht verkauft, sodass die Rückkehr für die Familie ein wenig erleichtert wurde.

Haben diese Vorkommnisse bei Ihnen Zweifel an der Demokratie genährt?

Ich bin – das kann ich mit großer Überzeugung sagen – überzeugter Demokrat. Ich habe nie Probleme gehabt mit Niederlagen, die ich in einem demokratischen Entscheidungsprozess bezogen habe. Und ich hätte auch bei einer ordentlichen Wahl, die ich in Sachsen-Anhalt verloren hätte, keine Schwierigkeiten gehabt, mich damit abzufinden. Ich wäre wahrscheinlich eine Zeit lang über den Verlust eines solchen Amtes enttäuscht gewesen, aber ich hätte es akzeptiert. Einen wirklich um Ehrlichkeit bemühten Menschen aber als »Raffke« und »Absahner« wie eine »Sau durchs Dorf zu treiben« und ihm wahrheitswidrig Unehrlichkeit und Betrug vorzuwerfen – das hat mich schwer getroffen. Es war dann auch so, dass die Staatsanwaltschaft lange Zeit keine Veranlassung sah zu ermitteln. Aber es gibt Methoden, eine Staatsanwaltschaft unter Druck zu setzen, indem bestimmte Leute, aus welchem Grund auch immer, ohne Kenntnis des Sachverhaltes irgendwelche Briefe an den Staatsanwalt schreiben mit der Forderung nach Anklage. Es hätte uns damals vielleicht ein politisches Wort des Bundeskanzlers oder des Bundesinnenministers Rudolf Seiters, der vor Antritt der neuen Ämter auch die Zusage der West-Besoldung für die Minister aus dem Westen *expressis verbis* gemacht hatte, geholfen; aber wie das so ist: In politisch schwierigen Situationen zieht man sich lieber zurück. Eine klare Stellungnahme gegen den »Mainstream« könnte ja in irgendeiner Weise für das eigene Amt und die weitere Karriere schädlich sein!

Gab es Unterstützung von der Familie, von Freunden?

Von meiner Familie natürlich uneingeschränkt, wofür ich meiner Frau und unseren drei Kindern bis heute dankbar bin. Sie haben ja mitgelitten und sind in unverantwortlicher Weise unberechtigt in »Sippenhaft« genommen worden. Verbale Angriffe gegen sie und Inhalte von Drohbriefen, die an mich gerichtet waren und die Kinder einbezogen, legen dafür ein eindeutiges Zeugnis ab. Auch von wirklichen Freunden gab es Unterstützung, die Stellung bezogen und gesagt haben: »Wir kennen Werner Münch schon so lange; es ist völlig unmöglich. Das ist ein konstruierter Vorwurf, der kann in der Sache nicht zutreffen.« Aber es gab natürlich auch Reaktionen, die man aus anderen tatsächlichen oder sogenannten Skandalen kennt, nämlich: »Irgendetwas wird dran sein.« Und je weniger jemand von einer Sache weiß, desto lieber formuliert er diesen letztgenannten Spruch.

Keine Unterstützung vonseiten der Partei?

Im Dezember 1993 fand ein Landesparteitag in Sachsen-Anhalt statt, auf dem ich meinen Rücktritt als Parteivorsitzender von Sachsen-Anhalt erklärt habe und zu dem auch Helmut Kohl kam. Er sagte aber kein einziges Wort zur Sache, was mich sehr enttäuscht hat. Er versuchte zwar nachher, sozusagen anonym, sich mit mir woanders zu treffen. Ich hatte aber nur geringes Interesse an einer solchen Begegnung, die deshalb auch nicht zustande kam. Bewegt hat mich allerdings die Geradlinigkeit des Oberbürgermeisters der Stadt Magdeburg, Willi Polte, der in seinem Grußwort auf dem Parteitag sagte: »Also, ich will Ihnen mal eins sagen: Was hier diskutiert wird, das verstehe ich alles nicht, das ist unsinnig; und ich stehe dafür ein: Werner Münch und seine Mannschaft sind unschuldig. Niemals hat es hier irgendeinen Betrug gegeben.« Dieser Mann – auch das ist eine positive politische Erfahrung – gehörte der SPD an. Ich habe ihm das mehrfach hoch angerechnet und stehe bis heute noch in guter persönlicher Beziehung zu ihm. Ich muss auch ausdrücklich erwähnen, dass diejenigen, die diese Affäre inszeniert haben, nicht Vertreter der Opposition waren, sondern eigene Leute. Der Landesrechnungshofpräsident war CDU-Mitglied. Diejenigen, die aus der eigenen Fraktion ein Interesse hatten und das auch öffentlich betrieben haben, waren CDU-Mitglieder, die ja neue Ämter in Aussicht hatten. Dass sich die Opposition dankbar angehängt hat, ist klar. Auch das sind Erfahrungen, die mir wichtige Erkenntnisse vermittelt haben.

Hat Ihnen Ihr Glaube in der Situation helfen können?

Neben meiner Familie war mein Glaube in dieser Situation das Wichtigste. Wenn ich in dieser Situation meinen Glauben nicht gehabt hätte und wenn ich nicht bereit gewesen wäre, dies auch als eine gewollte Entscheidung »von höchster Stelle« zu akzeptieren, wüsste ich nicht, wie lange ich gebraucht hätte, um mit dieser Belastung fertigzuwerden.

Sie haben Sachsen-Anhalt verlassen und in den folgenden Jahren vor Gericht um Ihre Ehre gekämpft. Mit Erfolg. Im Jahr 1996 sprach Sie das Landgericht Magdeburg, wie es in einer CDU-Presseinformation vom 5. September 1996 heißt, »von den strafrechtlichen Vorwürfen des versuchten Betrugs bzw. des Betrugs und der Untreue« frei. Damit waren Sie »vollständig öffentlich rehabilitiert«, wie es der damalige rechtspolitische Sprecher der CDU-Fraktion in Sachsen-Anhalt auf den Punkt brachte.

Im September 1996 erließ das Landgericht sein Urteil – das betraf das Strafverfahren, also das Verfahren, in dem mir versuchter Betrug vorgeworfen worden ist. Im Dezember 1997 erging das Urteil des Oberverwaltungsgerichts. Das Land stellte eine Rückforderung von geleisteten Zahlungen an mich und an andere West-Minister. Das Verwaltungsgericht hatte die Rückforderungssumme des Landes bereits reduziert. Der Vorwurf des Verwaltungsgerichtes lautete: Die Zahlung war berechtigt und gesetzlich und grundsätzlich in Ordnung, aber sie durfte nicht angewiesen werden, weil das Kabinett es versäumt hatte, nochmals ausdrücklich eine solche Zahlungsleistung durch einen Beschluss zu bestätigen. Ich will dieses Urteil besser nicht weiter kommentieren. Gegen dieses Verwaltungsgerichtsurteil habe ich selbstverständlich Berufung eingelegt, und das Oberverwaltungsgericht hat die Rückzahlungsforderung des Landes für nichtig erklärt und zusätzlich keine Revision zugelassen. Das Land hatte teure, exklusive Anwälte beauftragt – auch unter diesem Gesichtspunkt muss man das Urteil mal sehen. Das Oberverwaltungsgericht verfügte dann, dass das Land mir sogar noch Geld nachzahlen musste, weil – als es politisch in der Endphase brisant wurde – der Minister der Finanzen mir einfach weniger Gehalt überwiesen hatte. Dieses Defizit musste das Land nachzahlen – das waren etwas mehr als 10 000 DM, das schönste Geld, das ich in meinem Leben bekommen habe. Das Land hätte Widerspruch einlegen können gegen diese Revisionsverweigerung des Gerichtes, verzichtete aber darauf. Also zusammengefasst: Statt der Nachforderung des Landes über fast 300 000 DM an mich musste das Land mir mehr als 10 000 DM nachzahlen. Und das in Verbindung mit jahrelangen wahrheitswidrigen öffentlichen Verurteilungen, die zum irreversiblen Rücktritt einer ganzen Landesregierung geführt hatten.

Haben Sie während dieser gerichtlichen Auseinandersetzungen gearbeitet?

Nein, weil ich – das war eine Frage des Ehrgefühls – jedes Angebot für eine berufliche Tätigkeit abgelehnt habe. Ich habe entschieden, dass ich zunächst keine neue berufliche Tätigkeit annehmen wollte, weil in der Öffentlichkeit dann gesagt würde: Na ja, das ist jetzt irgend so ein Gefallen, den ihm jemand tut und den er nicht verdient hat. Ich wollte erst meine volle juristische Rehabilitation erhalten.

Aus der extremen Arbeitssituation eines Ministerpräsidenten in den neuen Ländern in eine vollkommen arbeitsfreie Zeit zu kommen, die sich lange hinzieht, das klingt hart. Hätte man die gerichtliche Klärung nicht beschleunigen können? Sie hatten doch sicher gute Kontakte ...

Diese Zeit von November 1993 bis Dezember 1997 war eine Zeit besonders harter Prüfungen. Beschleunigung, ja vielleicht. Ich war enttäuscht von dem vorhin von Ihnen zitierten Justizminister Walter Remmers, weil er mich in der ganzen Zeit des laufenden Verfahrens kein einziges Mal über den Verfahrensstand informiert hatte, was er hätte tun können, wenn er es gewollt hätte. Zum Beispiel ist im Strafverfahren zweimal der Staatsanwalt, der die Anklage bearbeitet hat, ausgewechselt worden, weil er einen Einstellungsbeschluss verfügen wollte. Und man hat dann einen Oberstaatsanwalt genommen, der das Verfahren weiterführte. Ich habe davon aus der Presse und von anderen erfahren, aber nicht von meinem früheren Minister der Justiz, der ja einige Jahre vorher an meiner Stelle Nachfolger von Gerd Gies als Ministerpräsident werden wollte, was ihm nicht gelungen ist. Sie sehen nach dem Präsidenten des Landesrechnungshofes hier am zweiten Beispiel, welche Gründe es für Revanchen in der Politik gibt ohne Rücksichtnahme auf den betroffenen Adressaten.

Sie haben nicht mehr daran gedacht, in die Politik zurückzukehren?

Ein Comeback in die Politik kam für mich nicht mehr infrage. In der Versuchung war ich nie. Ich hatte positiv das Gefühl: Ich hatte mit dem Mandat im Kreistag, mit dem Mandat im Europäischen Parlament, mit den Ämtern als Minister der Finanzen und Ministerpräsident von Sachsen-Anhalt, unabhängig von den Parteifunktionen und der Arbeit in der Partei, meinen Beitrag für das Gemeinwohl geleistet. Und ein Versuch des Comebacks ist immer mit der Erwartung von Wohlwollen anderer verbunden, und das wollte ich nicht. Sich für eine Partei noch einmal zu engagieren, die geschwiegen hat, die relativ wortlos war über Jahre hinweg, kam für mich nicht infrage. Ich habe gehört, dass nach den Urteilen der Gerichte, insbesondere nach dem Urteil im Strafverfahren 1996, in einer Präsidiums- und Vorstandssitzung – das ist mir von mehreren Teilnehmern berichtet worden – Helmut Kohl getobt hatte, weil er sich nicht richtig informiert gefühlt hatte über den Sachverhalt, insbesondere von den Mitgliedern aus Sachsen-Anhalt. Aber das hat mir nicht mehr geholfen. Und diese Parteifreunde wollte ich auch nicht noch einmal als Helfer für ein Comeback haben. Das war für mich völlig ausgeschlossen.

Aber es hätte Sie doch sicher gefreut, wenn spätestens im Jahr 1997 Ihre Gegner sich bei Ihnen entschuldigt hätten, von Vergebungsbitten gar nicht zu reden.

Um Vergebung hat mich keiner gebeten. Entschuldigt hat sich aus der Partei keiner, insgesamt nur einer, der Journalistik studiert hat, welcher in der Phase der öffentlich beschriebenen falschen Vorwürfe diesen Negativmeldungen aufgesessen war und mir einen sehr vorwurfsvollen Brief geschrieben hatte. Ich kannte diesen Menschen nicht. Ich habe den Brief verwahrt. Dieser Student hat nach dem letzten Gerichtsurteil einen zweiten Brief geschrieben und sich bei mir entschuldigt mit dem Hinweis, er wäre sehr dankbar für diese Erfahrung, weil er dadurch jetzt sicher wüsste, ohne eine saubere

Recherche könne man seinen Beruf als Journalist nicht verantwortungsbewusst ausüben. Das fand ich sehr lobenswert. Ich habe ihm auch geantwortet und mich für seine Einsicht und für seine Korrektur bedankt. Darüber hinaus habe ich öfter das Gegenteil erlebt, also Menschen, die mich zum zweiten Mal verurteilt haben, weil sie wütend waren, jetzt keine Argumente mehr für ihre frühere Vorverurteilung zu haben und sich deshalb einem Rechtfertigungszwang ausgesetzt sahen, was ihnen peinlich war.

Sie meinen, mit Journalisten?

Besonders, aber nicht nur. Im Strafverfahren hat mich im Landgericht Magdeburg eine Meute von Journalisten bestürmt, als ich das Landgericht betrat, insbesondere Kameramänner und Reporter mit Kameras und Mikrofonen, und ich wurde von der Tür bis zum Gerichtssaal – der Weg war ziemlich lang – bombardiert mit unverschämten Fragen: »Na, hat Helmut Kohl Ihnen diese Reise auch bezahlt?« oder: »In welchem teuren Hotel haben Sie denn gestern übernachtet?« oder: »Mit wie vielen Jahren rechnen Sie denn jetzt?«. Ich hatte auf der ganzen Fahrt von Lohne nach Magdeburg überlegt, wie ich vor der Gerichtsverhandlung reagieren sollte, denn ich kannte ja das Vorgehen von Journalisten. Meine Reaktion war, egal, welche Frage mir gestellt wurde: lächeln. Da hätten die Journalisten von mir aus schreiben können: ironisierend oder triumphierend, das war mir völlig egal. In der Sache habe ich immer nur den einen Satz lächelnd gesagt: »Die Verhandlung beginnt in einer halben Stunde.« Den Satz hatte ich auf der Fahrt einstudiert. Das war natürlich nicht zur Zufriedenheit der Medien. Dann zeichnete sich im Verfahren ab, das für viel mehr Verhandlungstage angesetzt war mit viel mehr Zeugen, dass es früher enden würde. Schon am zweiten Tag fragte der Vorsitzende Richter die Staatsanwaltschaft: »Sagen Sie, legen Sie Wert darauf, dass wir alle anderen Zeugen noch befragen?« Die Staatsanwaltschaft antwortete: »Nein, wir verzichten darauf.« Das waren die Zeugen, die ich benannt hatte. Die andere Seite hatte natürlich auch ihre Zeugen – die waren schon gehört worden. Aufgrund dieser Frage des Richters und der Antwort der Staatsanwaltschaft war für die Journalisten, die in großer Runde als Zuhörer im Gerichtssaal saßen, klar, welches Ende dieses Verfahren nehmen würde. Es hat dann zwar insofern noch ein etwas überraschendes Ende genommen, als der Freispruch auf Antrag der Staatsanwaltschaft erfolgte, die jahrelang für die Anklage gebraucht und sich geweigert hatte, mich anzuhören, obwohl ihr dies von meinen Anwälten mehrfach angeboten worden war. Immerhin hatte sie dann den Mut, ihren Fehler durch den Antrag auf Freispruch zu korrigieren.

Der dritte Staatsanwalt, der das Verfahren dann in die Hand genommen hatte, hat vor Beginn der Verhandlung meinen Anwalt als Verteidiger begrüßt. Es war ein in Juristenkreisen bekannter Mann, Staatssekretär in der Regierung Ernst Albrecht, Präsident der Universität Göttingen, ein renommierter Jurist. Ich hatte zwei Anwälte, einen jüngeren und diesen erfahrenen. Mein Anwalt hat diesen Leitenden Oberstaatsanwalt begrüßt, er kam auf uns zu, hat uns die Hand gegeben und »Guten Tag« gesagt. Darauf antwortete mein Anwalt: »Na, Herr Oberstaatsanwalt, Sie persönlich leiten das Verfahren? Das ist ja überraschend.« Darauf erwiderte dieser: »Was soll ich denn machen? Diejenigen in meiner Behörde, die eigentlich das Verfahren durchführen sollten, sind ja alle weg, es ist ja keiner mehr übrig, der es machen wollte.« Und was die Journalisten betrifft: Als sie diese Wende zum Freispruch hin vermuteten, waren sie am nächsten Tag, an dem das Urteil gesprochen wurde, nicht mehr da. Die Zuhörerbänke waren fast leer und die Zeitungen, die das Urteil doch noch hören wollten, hatten die zweite Mannschaft geschickt, nicht mehr die Chefredakteure oder ihre Stellvertreter oder die für die Landespolitik Zuständigen.

Was sagt ein solches Verhalten aus über unsere Gesellschaft? Sündenböcke dringend gebraucht?

Ob wir sie brauchen, weiß ich nicht, aber sie werden von Interessierten gesucht und sie werden produziert. Eine Gesellschaft ist ja manchmal in der Versuchung, solchen Verlockungen schnell zu erliegen, weil sie sich selbst darin wiederfindet. Daran sieht man entweder, dass ein solches Verhalten auch selbstverständlich für andere ist oder zumindest eine Reihe von Menschen sich in einem solchen Verhalten wiederfinden und dann froh sind, dass es ein anderer gewesen ist. Sie machen sich frei, wie sie meinen, indem sie darüber lachen und denken: Na, der hat es verdient. Gott sei Dank, ich bin es nicht, der erwischt worden ist. Dass bei den Medien Skandalgeschichten eine Rolle spielen, weil sie die Verkaufszahlen positiv beeinflussen, wissen wir auch. Und das »Opfer« hat überhaupt keine Chance, sich gegen diese unredliche Art von investigativem Journalismus zu wehren.

Was haben Sie persönlich in Ihrem Leben geändert – als Reaktion auf die in Sachsen-Anhalt gemachten Erfahrungen?

Ich bin kritischer geworden in der Auswahl von Freunden, weil ich vieles erlebt habe, was in Richtung »Scheinfreundschaft« gegangen ist, bestimmt von eigenen Vorteilen, die man aus einer sogenannten Freundschaft ziehen wollte. Wenn ich alle aufzählen würde, die als Unternehmer, Geschäftsleute oder Anwälte wegen bestimmter Aufträge oder Geschäfte bei mir gewesen sind und mich dann später nicht mehr gekannt haben, geschweige denn mir gegenüber ein Wort des Mitgefühls oder des Bedauerns geäußert hätten ... besser nicht! Deshalb bin ich kritischer geworden in der Auswahl von Freunden, viel behutsamer. Meine Frau wirft mir manchmal vor, dass ich zu kritisch geworden sei, aber meine Sensibilität und Vorsicht sind größer geworden. In den ersten Wochen, als ich aus Sachsen-Anhalt zurückgekommen war, hatte ich Scheu, sonntags in die heilige Messe zu gehen, weil ich jede Ansammlung von Menschen, die eine Zahl von mehr als zwei überstieg, gemieden und wie ein verängstigtes Reh immer darauf gewartet habe: Jetzt kommt wieder so eine dumme Bemerkung wie auf dem Marktplatz in Lohne oder in Hannover. Und das Zweite: Ich habe ein spezielles Hobby entwickelt ...

Welches?

Ich notiere mir sogenannte Skandalfälle. Ort, Datum, alles, was in der »FAZ«, die ich seit vielen Jahren täglich lese, dazu geschrieben steht. Diese Fälle verfolge ich dann. Manchmal muss man lange warten, bis irgendwann einmal wieder darüber berichtet wird, meistens über ein Urteil. Wenn es ein

Freispruch ist, schreibe ich manchmal den Betroffenen: »Ich gratuliere Ihnen und spreche Ihnen mein Mitgefühl für die Zeit vor dem Urteil aus.« Das hätte ich früher nicht gemacht. Insofern glaube ich, dass diese beiden Reaktionen – kritischere Auswahl von Freunden und Mitgefühl mit anderen in einer ähnlichen Situation – auch positive Folgen dieser skandalisierten Zeit sind.

9. Kapitel

»Man weiß nicht, was den Menschen leitet«: Berater und Beobachter für die Deutsche Bahn sowie Tätigkeit in Bulgarien und Aserbaidschan

Ihr Ruf war 1997 vollständig rehabilitiert, doch auf Politik hatten Sie keine Lust mehr. Die wissenschaftliche Laufbahn fortzusetzen, kam vermutlich auch nicht infrage.

Ich habe ganz nüchtern meine Situation analysiert und bin zu dem Ergebnis gekommen, dass es keinen großen Sinn machen würde, die Wissenschaft wieder als meine berufliche Tätigkeit anzusehen, weil ich viel zu lange aus der wissenschaftlichen Arbeit heraus war. Ich war nicht mehr auf dem neuesten Stand in der Forschung. Ich hätte zu viel nachholen, nachlesen müssen, vor allem in meinem Fach, in erster Linie englischsprachige Literatur. Deshalb kam auch die Wissenschaft neben der Politik für mich nicht mehr infrage. Immerhin habe ich mich noch eineinhalb Jahre an der Gustav-Siewerth-Akademie, einer katholischen Akademie in Bierbronnen im Schwarzwald in der Nähe von Waldshut, engagiert. Die Leitung dieser Ausbildungsstätte wollte mich vor allem wegen meiner hochschulpolitischen Kenntnisse haben. Die Vorlesungen, die ich zusätzlich angeboten habe, waren im Grunde eine Freundlichkeit gegenüber der Akademieleitung und von mir aus auch kein großes Opfer, weil mir die europäische Politik bekannt war, insbesondere das Geflecht ihrer unterschiedlichen Institutionen. Da gibt es ja immer wieder Fragen wie: Wer hat eigentlich welche Kompetenz? Wie wirken Kommission, Rat und Parlament zusammen? Da hatte sich seit meinem Weggang aus dem Europäischen Parlament Ende 1990 nur wenig geändert. Aber auch unser Regierungssystem, die Parteien und Verbände waren in meinem Angebot. Ich habe dann jedoch leider feststellen müssen, dass ich dort aus verschiedenen Gründen nur eine sehr geringe Bereitschaft für notwendige Veränderungen angetroffen habe und deshalb auch nur wenig bewirken konnte. Deshalb habe ich nach anderthalb Jahren auf eigenen Wunsch meine Mitarbeit an dieser Akademie eingestellt. Inzwischen hat sie zurzeit keine Genehmigung mehr für die Ausbildung von Studenten, was mich nicht überrascht hat.

Sie mussten sich mit Ende fünfzig also neu erfinden: Nach dem Soldaten, dem Wissenschaftler und dem Politiker kam nun die Zeit des Personal- und Unternehmensberaters. Sie wurden Beauftragter der Deutschen Bahn bei der EU in Brüssel.

Ich habe bei dem Thema Sachsen-Anhalt schon erwähnt, dass es in der Bundesregierung einen Ostbeauftragten gab, Johannes Ludewig. Ludewig war inzwischen Vorstandsvorsitzender der Deutschen Bahn geworden. Er kannte mich gut, schon seit der gemeinsamen Stipendiatenzeit in der Konrad-Adenauer-Stiftung, und er wusste um meine sechseinhalbjährige Tätigkeit in Brüssel und Straßburg als Mitglied des Europäischen Parlaments, wobei mir natürlich auch die Arbeit der anderen EU-Institutionen bekannt war. Deshalb fragte er mich, ob ich bereit wäre, nachdem alle gerichtlichen Verfahren zu meinen Gunsten beendet waren, für die Bahn nach Brüssel zu gehen.

Was genau sollten Sie tun?

Das Schlüsselwort meiner Tätigkeit war die Wahrnehmung der Interessen der Deutschen Bahn, und der zentrale Begriff dieser Tätigkeit hieß »grenzüberschreitend«. Es gibt ein Verbundsystem von verschiedenen internationalen Bahngesellschaften, das sich Gemeinschaft Europäischer Bahnen (GEB) nennt. Es waren mehrere nationale Vertreter in dieser Organisation, und wir haben versucht, Fragen und Probleme des grenzüberschreitenden Verkehrs aufzulisten, Vorschläge für Lösungen zu erarbeiten und den Vorständen der Bahngesellschaften vorzulegen. Dafür wurde mir Prokura erteilt, was meine selbstständige Arbeit ziemlich erleichtert hat.

Haben Sie Fortschritte erzielt?

Sicher, wir alle. Ich erinnere mich noch an die Jahre im Europäischen Parlament in den 1980er-Jahren. Als ich nach Brüssel gefahren bin, gab es noch keinen Thalys oder andere große Fernschnellzüge. Die Züge Richtung Belgien hielten immer in Aachen kurz vor der belgischen Grenze. Dort hatten sie einen etwas längeren Aufenthalt, weil der Lokführer ausgewechselt werden musste. Der deutsche Lokführer durfte nämlich wegen der anderen Funk- und Signalsysteme in Belgien nicht bis nach Brüssel weiterfahren, sondern musste durch einen belgischen Lokführer ersetzt werden. Dies hat sich mit manchen anderen Punkten im Laufe der Zeit geändert.

Insofern hat die europäische Verkehrspolitik auch in der Frage der Harmonisierung von unterschiedlichen technischen Systemen und der konkreten Zusammenarbeit einen wichtigen Schritt nach vorne gemacht.

Als Beauftragter der Deutschen Bahn müsste Ihnen damals eigentlich auch ein gewisser Thilo Sarrazin über den Weg gelaufen sein.

Ich habe Thilo Sarrazin persönlich kennengelernt, weil er häufiger an unterschiedlichen Sitzungen von Gremien der Deutschen Bahn teilgenommen hat. Ich habe Sarrazin als einen sehr analytisch denkenden, präzise vortragenden Menschen erlebt, der immer gut vorbereitet war. Er war ein Freund von Zahlen, was ja auch nachher als Finanzsenator in Berlin bei ihm deutlich erkennbar war. Er hat höhere Ämter und Funktionen auf unterschiedlichen Ebenen immer respektiert. Nie hat er versucht, seine Auffassungen durchzusetzen, auch wenn sie von denen des Vorstandes abwichen. Er war, was den menschlichen Zugang betrifft, ein Mensch, der nun nicht gerade höchste Kommunikationsfröhlichkeit und -freundlichkeit ausstrahlte. Man musste sich schon allmählich an ihn herantasten. Aber er war aus meiner Sicht immer ein guter Vertreter der Deutschen Bahn. Ich habe menschlich und fachlich mit ihm überhaupt keine Probleme gehabt.

Wie stehen Sie denn zu dem Sachbuchautor Sarrazin und zu den Thesen seiner Bücher wie etwa »Deutschland schafft sich ab«? Populismus oder zu Recht bestsellerwürdig?

Ich scheue mich nicht zu sagen, dass ich fast alle Bücher von Sarrazin gelesen habe. Wenn Sie hier am Bücherregal vorbeigehen, sehen Sie vier Bücher von Sarrazin nebeneinanderstehen (»Deutschland schafft sich ab«, »Europa braucht den Euro nicht«, »Wunschdenken« und »Der neue Tugendterror«) sowie ein fünftes von seiner Frau Ursula Sarrazin (»Hexenjagd«). Er hat Probleme aufgezeigt, an die sich bis dahin kaum jemand herangewagt hatte. Sarrazin, so habe ich ihn auch bei der Deutschen Bahn erlebt, ist ein sehr grundsätzlich orientierter Mensch, der bestimmten Fragestellungen auf den Grund geht und sie analytisch sehr differenziert behandelt.

Wissen Sie: Je stärker seine Thesen öffentlich verdammt wurden, desto stärker war ich daran interessiert, mir ein eigenes Urteil zu bilden. Ich denke, wir müssen in einer freien demokratischen Gesellschaft schon jederzeit bereit sein, unabhängig von unseren eigenen Auffassungen auch Personen zu Wort kommen zu lassen, deren Thesen oder Theorien wir nicht teilen. Verurteilungen eines Buches mit dem Zusatz: »Ich habe es nicht gelesen«, halte ich für verwerflich und inakzeptabel.

Wieso haben Sie relativ bald mit Ihrer Tätigkeit für die Deutsche Bahn aufgehört?

Ich hatte als »European Director« mit Prokura einen direkten Zugang zum Vorstandsvorsitzenden. Die Situation änderte sich, als der Vorstandsvorsitzende wechselte. Nachfolger von Johannes Ludewig wurde Hartmut Mehdorn. Mehdorn war und ist, glaube ich, immer noch ein Freund von Gerhard Schröder. Er ist politisch anders orientiert, als Johannes Ludewig und ich es waren. Insofern habe ich damit gerechnet, dass nach Übernahme des Vorstandsvorsitzes durch Mehdorn meine Tätigkeit bald beendet sein würde, was in der Tat auch genauso eintrat. Obwohl es keine politische Funktion im engeren Sinne war, gibt es trotzdem bei solchen Konstellationen parteipolitische Vorstellungen. Das ist zwar kein Gesetz, aber es ist häufig die Realität. Ich habe diese neue Situation akzeptiert, und nachdem mir das Ende meiner Tätigkeit mitgeteilt worden war, habe ich lediglich darauf bestanden, dass der zwischen der Bahn und mir geschlossene Vertrag eingehalten wird bis zum vereinbarten Vertragsende. Das ist auch der Fall gewesen. Unfair ist die Deutsche Bahn, unabhängig von der personellen Besetzung des Vorstandes und des Vorstandsvorsitzenden, mir gegenüber nie gewesen.

Ab 2001 waren Sie als Berater für den EU-Beitritt Bulgariens tätig. Wie kam es dazu? Wollten Sie Ihre beim Russischunterricht erworbene Fähigkeit, die kyrillische Schrift lesen zu können, auffrischen?

Die Fähigkeit musste ich nicht auffrischen. Die ist mir für viele Jahre auch in anderen Bereichen sehr von Vorteil gewesen (lacht). Aber es stimmt: In Bulgarien war sie auch nützlich, zum Beispiel, um öffentliche Wegbeschreibungen lesen zu können, die alle in kyrillischer Schrift waren, die ich nun gottlob kannte. Sie war ebenfalls in der Zeit meiner späteren Personal- und Unternehmensberatung von großem Nutzen, weil ich für einen Auftraggeber als Berater tätig war, dem eine Firma gehörte, die in Russland produzierte. Rumänien und Bulgarien zählten zu der Zeit, über die wir jetzt sprechen, also zu Beginn der 2000er-Jahre, zu den potenziellen Beitrittsländern zur Europäischen Union. Sie wurden aufgefordert, besondere Defizite, die sie im Zusammenhang mit dem EU-Beitritt hatten, zu definieren. Das haben sie getan, weil sie wussten, dass sie die Bedingungen des *Acquis communautaire*, also der großen Rechtsgrundlage für den Beitritt, erfüllen mussten: Demokratie, Rechtsstaatlichkeit, Bereitschaft zur Marktwirtschaft, Verbesserung des Justizwesens usw. Nach einer solchen Auflistung ihrer Defizite wurden dann seitens der Europäischen Union Ausschreibungen gemacht für konkrete Projekte in diesen Beitrittsländern. Alle EU-Mitgliedstaaten konnten sich, wenn sie es selbst wollten, für die Leitung solcher Projekte bewerben.

Die Bundesrepublik interessierte sich unter anderem in Bulgarien für ein Beratungsprojekt. Eines Tages wurde ich durch einen Anruf aus dem Wirtschaftsministerium (später beauftragte mich dann auch der Bundesminister der Finanzen) gefragt, ob ich mir grundsätzlich vorstellen könnte, eine solche Aufgabe zu übernehmen. Es ging nicht um die Leitung von Projekten in Bulgarien, das haben die Ministerien selbst gemacht, die dann später den Zuschlag bekamen. Meine Aufgabe sollte die eines *Pre-Accession-Adviser,* PAA genannt, sein. Das ist der Vertreter außerhalb der Ministerien, aber in enger Zusammenarbeit mit ihnen, der im Vor-Beitrittsprozess des Landes vor Ort die Verantwortung für die Durchführung des Projektes übernimmt und das Zusammenwirken aller Beteiligten organisiert. Deutschland erhielt den Zuschlag für Bulgarien. Und nachdem ich nach der Entscheidung des deutschen Wirtschaftsministeriums für mich auch die einmütige Zustimmung von allen Beteiligten in Bulgarien bekommen hatte, ging es für mich nach Sofia, wo ich mir eine Wohnung mietete. Als Arbeitssprache wurde Englisch vereinbart.

Die Aufgaben waren klar beschrieben. Ein Schwerpunkt war die Reorganisation des Ministeriums. Es war also meine Aufgabe, ein vernünftiges Organigramm für das Wirtschaftsministerium zu erstellen. Eine andere Aufgabe war die Förderung des Mittelstandes. Natürlich gab es keinen geordneten Mittelstand in Bulgarien. Das dritte Thema war die Fort- und Weiterbildung der Mitarbeiter des Wirtschaftsministeriums, und die Themen vier und fünf waren die Förderung des Exports und der Investitionen in Bulgarien. Die »Überschrift« über diesen fünf Aufgaben lautete: »Stärkung der Kapazität des Wirtschaftsministeriums«. Wir mussten bei der bulgarischen Seite immer darauf achten, dass die dort Ausgewählten auch der Konferenzsprache folgen konnten. Es war alles sehr gründlich vorbereitet und an den Bedürfnissen des Beitrittslandes orientiert. Es war ein schöner Berufsabschnitt für mich, zumal er mich erneut mit der europäischen Politik in Verbindung gebracht hat.

Erzählen Sie doch mal ein bisschen über Ihre Eindrücke in diesem Land, das seit 2004 NATO-Mitglied und seit 2007 Mitglied der EU ist.

Bulgarien ist ein ganz armes Land in Europa, in der Europäischen Union liegt es im Vergleich mit den anderen Mitgliedsländern auf der Skala ganz unten. Die Bulgaren sind außerordentlich freundliche Menschen mit einer großen Gastfreundschaft, bei allen bescheidenen Mitteln. Ich habe viele Einladungen von ganz einfachen Menschen in Bulgarien bekommen und war häufig in ihren Wohnungen, wo ich ihre oft ärmlichen Wohnverhältnisse kennengelernt habe. In den Ministerien habe ich eine besondere Erfahrung gemacht: Ich wurde damals gefragt, und es war genau so: »Weißt du schon, auf welchem Flur dein Büro sein wird für deine Arbeit?« Und ich habe geantwortet: »Natürlich, das ist ganz in der Nähe des Ministerbüros, auf demselben Flur, auf dem der Minister und die stellvertretenden Minister ihre Büros haben.« Darauf erhielt ich die Antwort: »Dann ist das ja gar kein Problem, da musst du gar nicht wissen, in welchem Stockwerk; dann gehst du immer dem Toilettengeruch nach«, weil die Toiletten immer in der Nähe der Büros der Minister waren, denen ja keine langen Wege zugemutet werden konnten. Das war so eine typische Fortsetzung der »Privilegien« der Elite der Partei. Aber es war nicht einmal Toilettenpapier vorhanden! Ich habe das ganze Land bereist, verschiedene Betriebe besichtigt und mit vielen Kommunalpolitikern über ihre Probleme gesprochen. Vieles war neu und interessant für mich.

Waren die Regierungen in der Zeit stabil?

Nein. Es gab dann ja auch die Situation, dass nach langem Exil der frühere König Simeon zurückkam und als Ministerpräsident gewählt wurde – ohne eigene politische Erfahrung und mit geringen Kenntnissen über die aktuelle Situation in Bulgarien, weil er ja viele Jahre im Exil verbracht hatte. Ich erinnere mich noch sehr gut an ein späteres Erlebnis, als Erwin Teufel während der Zeit meiner Tätigkeit mit einer kleinen Delegation das Land besuchte und mich gebeten hatte, ihn zu begleiten. Ich habe ihm ein Gespräch mit dem Ministerpräsidenten vermittelt. Wir saßen in seinem Zimmer. Ministerpräsident Simeon hatte eine DIN-A5-Kladde, liniert, vor sich, so wie wir sie in meiner Zeit als Schüler hatten. In diese Kladde hat er sich alle, wie er dachte, bemerkenswerten Dinge aufgeschrieben. Erwin Teufel als Ministerpräsident von Baden-Württemberg – es gab viele Investoren aus Baden-Württemberg in Bulgarien – sagte dann zu Anfang, dass er die Schwierigkeiten gut einschätzen könne, und für eine neue Regierung mit einer Fraktion, die ja nun sehr heterogen sei, sei das nichts Außergewöhnliches. Das sei am Anfang ziemlich normal und es würde sich aber im Laufe der Zeit ändern. Manche Personalprobleme würden sich auch von selbst lösen. Worauf Simeon Erwin Teufel mit großen Augen anschaute und sagte: »Ach, das haben Sie aber schön gesagt. Können Sie das noch einmal wiederholen.« Dann nahm er seinen Kugelschreiber und schrieb den Satz von Erwin Teufel, den dieser wiederholte, in seine Kladde. Natürlich hätte man solche Dinge zu dieser Zeit in der deutschen Politik nirgendwo mehr erleben können. Die Regierungen in Bulgarien waren nicht stabil und sind es bis heute nicht. Ich hatte übrigens eine sehr intensive persönliche Beziehung zum bulgarischen Ministerpräsidenten, der mich häufig um Rat gefragt hat. Ich war manchmal sogar sonntagabends bei ihm in seinem Schloss, das sich etwas abseits vom Zentrum in Sofia befand, und wir haben dort lange Vieraugengespräche geführt.

War die bulgarische Justiz EU-kompatibel?

Die Justiz war ein Schwachpunkt und sie ist es heute noch, weil die unterschiedlichen Rollen von Staatsanwaltschaft und Richtern nicht sauber voneinander getrennt werden.

Wie sah das Verhältnis zur Türkei und zu Russland aus?

Das Verhältnis zur Türkei und zu Russland war gespalten. Man hatte nach außen hin den Eindruck, als ob es eine selbstverständliche gute Freundschaft zur Türkei gäbe, das war aber nicht so. Es hat eine Phase in der bulgarischen Geschichte gegeben, in der die Russen die Bulgaren von den Türken befreit haben. Es gibt einen kleinen Ort namens Koprivschtiza – ein Zungenbrecher – gut hundert Kilometer von Sofia entfernt, wo es ein entscheidendes Gefecht in der Nähe einer Brücke gegeben hat, bei dem die Russen 1876 die Türken aus Bulgarien vertrieben. Es liegt in einer Gegend, die etwas hügelig ist, und im Sommer wird in dieser Gegend mit entsprechenden Licht- und akustischen Effekten ein Teil der Geschichte Bulgariens akustisch und visuell dargestellt. Diese Darstellung, die ich mir mehrfach angesehen habe, ist sehr beeindruckend. Man hört die Schreie der Bevölkerung gegen die grausamen Türken, die eingefallen sind ... Dankbarkeit gegenüber Russland: Die Gegenwart sieht natürlich etwas anders aus. Den Russen waren die Bulgaren auf der einen Seite dankbar, nicht zuletzt wegen dieser Befreiung von den Türken, aber nach 1945 haben sie eine ganz grausame, von Russland diktierte Herrschaft im Land erlebt. Ich habe vielfach in Bulgarien gehört, dass in keinem kommunistischen Land Mittel- und Osteuropas der Geheimdienst so grausam agiert hat wie in Bulgarien.

Auf das kommunistische Geheimdienst-Flair mussten Sie dort also auch nicht ganz verzichten. Ist es nicht erstaunlich, wie vital die kommunistischen Eliten in Osteuropa und Russland aus dem politischen Transformationsprozess 1989– 1991 herausgekommen sind?

Sie haben völlig recht. Das ist erstaunlich. Ich will zwei Gesichtspunkte herausgreifen, die hervorstechen: Wodurch zeichnen sich neben der ideologischen Geschlossenheit Kommunisten aus? Sie haben eine große Ausdauer, eine große Hartnäckigkeit im Verfolgen ihrer Ziele, sie leben nicht in der akuten Situation von jetzt auf nachher. Ein Kommunist, der ideologisch gut geschult ist, ist strategisch angelegt in dem, was er denkt und was er tut. Für ihn sind die Partei, das System, das Kollektiv entscheidend, nicht der einzelne Mensch mit seinen Bedürfnissen. Das Zweite, worüber ich mich immer gewundert habe, ist sozusagen die Gegenseite dessen, was ich gerade gesagt habe, nämlich die Vergesslichkeit der Bevölkerung. Ich habe immer wieder Dinge erlebt, bei denen ich mich gefragt habe: Wie kann es denn sein, dass nach so kurzer Zeit die Bevölkerung alle schlimmen Dinge der jüngsten Vergangenheit schon wieder vergessen oder verdrängt hat?

Das gilt ja nicht nur für Bulgarien, das gilt für viele andere Staaten in Mittel- und Osteuropa, wo dann ganz schnell nach der Befreiung vom kommunistischen Joch die politische Situation wieder gekippt ist. Wir haben es in den Ländern der früheren DDR teilweise auch erlebt, dass diese Sehnsucht nach der Vergangenheit so ausgeprägt war, dass wir uns völlig verwundert gefragt haben, wie kann das sein? Man weiß nicht, was den Menschen leitet. Vielleicht ist er auch gefangen in dieser Denkweise. Der Kommunismus in Bulgarien hat eine Sache nicht geschafft – und diese Tatsache sehe ich auch als Grund dafür, dass die Sehnsucht nach ihm so schnell wieder aufgelebt ist: Viele Bulgaren haben Eigentum, Wohneigentum. Und diese kleine Wohneinheit als Wohneigentum spielt insofern eine Rolle, als häufig zwei oder drei Generationen unter einem Dach zusammenwohnen, wodurch der Familienzusammenhalt auch sehr viel größer ist als bei uns. Die kommunistische Politik war so klug, das zu sehen und zu berücksichtigen. Ich habe immer den Eindruck gehabt, dass die Kommunisten in Bulgarien genau wussten: Wenn wir den Menschen ihr Wohneigentum wegnehmen, dann gibt es viel

Ärger in diesem Staat, und wir haben große Probleme. Sie haben sofort die politische Hoheit übernommen, die Religion verboten und alle möglichen Freiheiten eingeschränkt, aber in puncto Wohneigentum haben sie den Menschen ihren bescheidenen Besitz gelassen. Das haben die Bulgaren natürlich bemerkt; sie hatten ja auch Informationen aus anderen Ländern, in denen der Kommunismus herrschte und wo es anders war. Vielleicht war auch deshalb bei ihnen die Sehnsucht nach der Vergangenheit etwas ausgeprägter. Zumindest vermute ich es, zumal ich diese Begründung auch öfter gehört habe.

Im Jahr 2004 sind Sie zum Ehrenmitglied der Deutsch-Bulgarischen Gesellschaft ernannt worden – eine Form der Anerkennung für Ihre Verdienste als PAA?

Zunächst einmal eine Erläuterung zu dieser Gesellschaft, die auch eine Geschichte hat. Ich habe mit Übernahme des Amtes als Ministerpräsident von Sachsen-Anhalt Bulgarien als Partnerland gewählt. Nach dieser Entscheidung haben wir eine kulturelle Begegnungsstätte in Bulgarien gegründet – in Plovdiv. Keine Regierungsstelle natürlich – ein Bundesland kann keine eigenständige Außenpolitik betreiben –, aber ich habe eine kulturelle Begegnungsstätte zum Austausch zwischen Deutschen und Bulgaren gegründet – mit Sprachkursen und besonderen Seminaren zur Geschichte und Kultur des jeweils anderen Landes. Wenn man so will: ein kulturelles Verbindungsbüro zwischen Sachsen-Anhalt und Bulgarien mit vielfältigen Möglichkeiten für Begegnungen. Die Gründung fand im Mai 1992 statt. Die Deutsch-Bulgarische Gesellschaft hat meine Ansätze aus dem Verbindungsbüro in Plovdiv aufgegriffen, unterstützt und mit eigenen Akzenten versehen. Ich bin auch Mitglied dieser Gesellschaft geworden, die dann der

Auffassung war: Der Werner Münch hat so viel für die deutschbulgarische Freundschaft getan, dass wir ihm dafür die Ehrenmitgliedschaft anbieten sollten. Das gab es bis dahin nicht. Ich habe die Ehrenmitgliedschaft dann auch gerne angenommen.

Dann haben Sie sich in Aserbaidschan, diesem kleinen Land zwischen Russland und dem Iran, engagiert. Warum?

Ich darf zunächst ein paar charakteristische Dinge zu meiner Tätigkeit in Aserbaidschan sagen, weil sie in der Öffentlichkeit nicht selten falsch dargestellt worden ist. Ich habe nicht für die Regierung in Aserbaidschan in der Hauptstadt Baku gearbeitet, sondern ich bin von einer Stiftung, der sog. *Renaissance Associates*, gebeten worden, mich für Veränderungen in Aserbaidschan in Richtung stärkere Demokratisierung einzubringen. Ich habe mit dieser Stiftung eine Vereinbarung geschlossen und mich bemüht, in Aserbaidschan eine demokratische Entwicklung voranzubringen und zu begleiten. Zum Beispiel habe ich Journalisten aus mehreren Ländern nach Baku geholt, die ein Seminar durchgeführt haben zum Thema »Grundlagen journalistischer Ethik«, weil in Aserbaidschan ein Politiker, der meinte, er müsse mal wieder in der Öffentlichkeit präsent sein, einen Journalisten angerufen und ihm die Frage gestellt hat: »Können wir ein Gespräch führen?« Darauf hat der Journalist in der Regel geantwortet: »Zu welchem Honorar?« Dann gab es ein Angebot des Politikers und das Gespräch kam zustande oder nicht. Das war eine solche Selbstverständlichkeit, dass das für mich ein Ansatz war, zu vermitteln zu versuchen, wie die Beziehung zwischen Politik und Journalismus gestaltet sein müsste.

Ich habe zudem die Frage der Menschenrechte zu thematisieren versucht. Aserbaidschan ist ja Mitglied des Europarates, und im Europarat gelten die sogenannten Venedig-Regeln in Bezug auf Menschenrechte. Venedig-Regeln – die Politiker in Aserbaidschan hatten teilweise den Begriff schon mal gehört, aber der Inhalt war ihnen nicht bekannt. Ich habe Fachleute – Juristen vor allen Dingen, Völkerrechtler sowie Verfassungs- und Europarechtler – nach Baku gebracht, die ihnen diese Materie erläutert haben.

Wie funktioniert das religiöse Miteinander in Aserbaidschan? Das Land ist vorwiegend muslimisch, es gibt aber auch Juden und Christen …

Aserbaidschan ist ein Land, das religiös bisher in einer großen Toleranz lebt. Dort habe ich alle religiösen Einrichtungen gesehen und besucht. Ich habe in Baku keine verschleierten Frauen gesehen und in der Hauptstadt und im Land überhaupt keine aggressiven Stimmungen zwischen verschiedenen Religionsvertretern erlebt.

Erstaunlich.

Ja, erstaunlich, aber es ist so. Ich habe Moscheen besucht, in Baku mit Imamen gesprochen, ich war in einer Synagoge und habe in Baku einen Gemeindesaal mit einem großen Kreuz gesehen, in dem die wenigen Christen ihre Gottesdienste feiern konnten. Ich habe dort einen Pfarrer getroffen, dem ich anbot, für sein Informationsbrett ein paar Fotos von Papst Benedikt XVI. mitzubringen, wenn ich das nächste Mal wiederkäme, was ich getan und sie dort angebracht habe zur großen Freude dieser Gemeinde. Keiner hat sie abgenommen, sie hingen auch später noch da, als ich wieder dort war. Religiöse Auseinandersetzungen werden ja oft provoziert, oft von außen in eine Gemeinschaft hineingetragen, wenn es irgendwelche Gruppen gibt, die aus einer friedlichen und kooperativen Situation eine aggressive und feindselige konstruieren wollen. Diese Situation war damals in Aserbaidschan nicht gegeben, auch später nicht, als ich noch mehrfach zu Wahlbeobachtungen im Land war. Wegen der vertieften Kenntnis des Landes hat sich dann später ein deutsches Unternehmen mit der Bitte an mich gewandt, es bei den Versuchen, seine hochwertigen Produkte in Aserbaidschan anzubieten, zu unterstützen, was ich mit Erfolg getan habe.

Welche Beobachtungen konnten Sie bei den Wahlen machen?

Auch bei den Wahlen hat es Fortschritte gegeben. Als ich das erste Mal als Wahlbeobachter in Baku gewesen bin, konnte ich mit einem entsprechenden Ausweis in jedes Wahllokal, durfte die Legitimation der Wahlhelfer überprüfen und Fragen an sie stellen. Das blieb auch in der Zukunft so. Dabei habe ich einige Mängel festgestellt, zum Beispiel, dass das Wählerverzeichnis an der Wand hing und die Wahlhelfer mühsam abhakten, wer gekommen war. Man konnte überhaupt nicht ausschließen, dass einer ins Wahllokal kam, der schon ein-, zweimal vorher in anderen Wahllokalen gewählt hatte. Dann gab es bei der nächsten Wahl aufgrund unserer Intervention ein sogenanntes *Inking*, das heißt bei Eintritt in ein Wahllokal wurde der Daumen auf ein Stempelkissen mit Tinte gedrückt, und es gab spezielle Lampen, mit denen ein Wähler, wenn er ein Wahllokal betrat, geprüft wurde, ob an dessen Daumen schon ein entsprechendes Merkmal war, was dann ein Beweis dafür war, dass er schon einmal gewählt hatte. Das war für uns Westeuropäer zwar zunächst einmal ungewöhnlich, aber ich kann nur sagen, es war absolut zweifelsfrei, und ich habe schon ganz andere Wahlen erlebt, zum Beispiel in Lateinamerika, wo die Analphabetenquote so hoch war, dass man die Parteien nicht auf den Wahlzettel schreiben konnte, weil ihn die Wähler gar nicht lesen konnten. Die Partei A war dann zum Beispiel mit einer Birne dargestellt, Partei B mit einem Apfel usw. Diese Früchte und die dazugehörige Partei musste man dann für seine Wahlentscheidung kennen. Dagegen waren die Wahlen in Aserbaidschan richtig modern. Es hat Defizite, aber auch Fortschritte gegeben, und zumindest dort, wo die Regierung wusste, dass sie international beobachtet wurde, war sie nicht selten zum Einlenken bereit. Aserbaidschan ist ja auch Mitglied des Europarates und es war interessant zu beobachten, welchen Respekt die Regierung vor drohenden negativen Urteilen dieser Organisation hatte.

Solch eine Macht hat der Europarat dort?

Es war so, dass Aserbaidschan vor den Entscheidungen des Europarates großen Respekt hatte. Sie sind nicht selten überzogen und auch nicht gerechtfertigt, aber eine Realität. Ich habe aber auch erlebt, dass Wahlbeobachter von internationalen Organisationen mit einem bereits fertigen Bericht über den Ablauf der Wahl nach Baku eingereist sind. Ich habe eine Wahl erlebt, bei der zwei internationale Organisationen eine unterschiedliche Qualität der Wahl in ihren Abschlussberichten dargestellt hatten. Sie haben dann Kompromisse geschlossen. Je näher die Abflugzeiten ihrer Flugzeuge rückten, desto mehr haben sie gedrängt, Kompromisse zu finden. Also insgesamt ist Aserbaidschan ein tolerantes Land, was das gesellschaftliche Miteinander betrifft, und ein Land, das politisch noch viel lernen muss bezüglich der Demokratieentwicklung. Aber ich habe nach einigen Jahren gesagt, man sieht Licht am Ende des Tunnels. Man darf und sollte die Hoffnung nicht aufgeben!

10. Kapitel

»Das Fass zum Überlaufen gebracht«: CDU-Austritt und Politavantgardist

Anfang des Jahres 2009 sind Sie nach 37 Jahren Mitgliedschaft aus der CDU ausgetreten. Dieser Schritt erzeugte ein großes, ein bundesweites Echo. Hat Sie das überrascht?

Nein. Überhaupt nicht. Ich habe das erwartet. Ich habe dieses Echo auch gewollt. Ich hatte bereits nach der Sachsen-Anhalt-Erfahrung überlegt, ob ich noch in der CDU bleiben sollte oder nicht. Ich bin mit Bedenken geblieben. Im Jahr 2009 bin ich dann aus der Partei ausgetreten. Ich habe die entsprechenden Austrittsbriefe geschrieben und an die Bundesebene sowie an die Landes- und Kreisebene geschickt. Eine Mitgliedschaftsentscheidung für eine Partei ist eine sehr persönliche Entscheidung, die man sich intensiv überlegen sollte sowohl beim Eintritt, aber auch im Fall eines Austritts. Dabei geht es um Grundsatzfragen. 2009 habe ich mir solche Fragen auch gestellt und danach gehandelt. Mich hat überrascht, dass es von der Partei keine Reaktionen gegeben hat. Ich bekam keine Antwort auf meinen Austritt aus der Bundesgeschäftsstelle, weder von der Parteivorsitzenden noch vom Generalsekretär oder vom Bundesgeschäftsführer. Das gleiche Schweigen auf der Landesebene. Es war für mich ein neues Erlebnis, dass der Austritt von jemandem, der so viele Jahre in so zahlreichen, auch herausgehobenen Funktionen im Parlament und in der Regierung eines Landes tätig war, nur stillschweigend zur Kenntnis genommen wird.

In dem Brief, in dem Sie die Gründe für den Austritt angeführt haben, ist davon die Rede, dass die Kritik der Bundeskanzlerin an Papst Benedikt XVI. im Zusammenhang mit der Williamson-Affäre, die damals hochkochte, lediglich »das Fass zum Überlaufen gebracht hat«. Was war sonst noch in dem Fass?

Ich habe in diesem Brief die Profillosigkeit der CDU in der Bundespolitik kritisiert, beispielsweise in der Finanz- und Steuerpolitik. Ich habe kritisiert, dass Angela Merkel den Beschluss des Leipziger Parteitages 2003 in der Steuer- und Finanzpolitik nicht umgesetzt hat, so wie sie vor zwei Jahren in der Frage der Doppelstaatsangehörigkeit ja auch das Mehrheitsvotum des Parteitages ihrer Partei 2016 in Essen missachtet hat, indem sie sofort anschließend erklärte: »Das ist mit mir nicht zu machen, ich werde das nicht umsetzen.« Das wäre bei Helmut Kohl nicht passiert, das muss ich in aller Deutlichkeit sagen. Mich hatte ferner schon vorher geärgert, dass Angela Merkel im Wahlkampf als Vorsitzende einer christdemokratischen Partei mit Alice Schwarzer zusammen auftrat – der »Star-Feministin« der Bundesrepublik Deutschland, welche die Abtreibungsdiskussion im Sinne von pro Abtreibung intensiv befördert hat. Mich hatte bereits vorher irritiert, wie Merkel mit Annette Schavan, der Forschungsministerin, in der Frage der Stammzellenforschung agiert hat, als beide der Forschungslobby mit vagen Versprechungen gefolgt sind nach dem Motto: »Das wird dazu führen, dass Krankheiten geheilt werden können« – was bis heute unbewiesen ist. Das ist ja immer der Köder, den man mit der Behauptung der Heilung von Krankheiten auswirft. Übrigens war inzwischen ja auch ihre Einstellung zu Abtreibungsfragen klar: Sie hat einmal auf die Frage eines Journalisten »Wenn Sie die absolute Mehrheit bei dieser Wahl bekommen sollten, würden Sie in der Frage der Abtreibung etwas ändern?« geantwortet: »Nein, denn das System hat sich bewährt!« Also, was ist denn das für ein christliches Werteverständnis, wenn man die Tötung von ungeborenem Leben mit dem Ausdruck »bewährt« bezeichnet?

Was hat Sie sonst noch gestört?

Natürlich auch Merkels Umgang mit Parteifreunden, der aus meiner Sicht nicht gerade dem Verhalten einer christdemokratischen Politikerin entsprach. Das fing bei Helmut Kohl an, als sie im Zusammenhang mit der Spendenaffäre einen Karriereschub für sich selbst gesehen hat. Das nächste Opfer war Wolfgang Schäuble. Er ist durch die Frage »Wer ist denn nun eigentlich der Empfänger dieser 100 000 DM von Herrn Schreiber, Sie oder Frau Baumeister?« als Fraktions- und Parteivorsitzender gestürzt. Wie Frau Merkel anschließend den politisch unerfahrenen Paul Kirchhof im Wahlkampf 2004 nach den subtilen Attacken von Bundeskanzler Gerhard Schröder im Regen stehen ließ, fand ich auch nicht besonders solidarisch und anständig. Überhaupt – wie sie gestandene Unionspolitiker à la Friedrich Merz oder Michael Glos behandelt hat, das finde ich unwürdig. Andere, wie Roland Koch, haben resigniert und sind von selbst zurückgetreten. Das waren alles Gründe, die mich damals dazu gebracht haben zu sagen: Jetzt ist Schluss, das kann ich nicht mehr mittragen.

Rücktritt, Resignation – warum so viel geballte männliche Frustration angesichts einer Frau, die geschickt ihre Macht zu sichern weiß? Wäre es nicht ein Zeichen von Stärke zu sagen: Jetzt erst recht? Jetzt setze ich, jetzt setzen wir einen Gegenakzent?

Ich bin mit Friedrich Merz lange Jahre freundschaftlich verbunden. Ich habe ihm damals den Vorwurf gemacht, dass er ausgestiegen ist, weil ich ihn für einen besonders begabten Politiker und Vermittler in der Frage der Steuer- und Finanzpolitik, auch in Bezug auf die europäische Politik, vor allem im Zusammenhang mit dem Stichwort Griechenland, hielt. Ich habe ihm vorgeworfen, dass er zu früh resigniert hat. Natürlich war es seine persönliche Entscheidung, die ich dann auch zu respektieren hatte. Als er sich in einer bestimmten Gesprächssituation darüber beklagte, wie Angela Merkel ihre männlichen Kollegen, die sie als Konkurrenten empfindet, behandelt, war mein erster Satz: »Und warum lasst ihr Männer euch das denn alles gefallen?« Als sich Erika Steinbach in einem Leserbrief in der »FAZ« darüber beklagte, wie das Parlament, der Deutsche Bundestag, durch eigenmächtiges Handeln der Regierung entmachtet worden sei, weil viele Entscheidungen inzwischen wie selbstverständlich nur noch Regierungsentscheidungen seien und danach das Parlament eine Entscheidung nur noch abnicken dürfe, wenn überhaupt, habe ich darauf öffentlich ähnlich reagiert, indem ich dem Parlament vorgeworfen habe: »Warum lasst ihr Abgeordneten euch das denn gefallen? Ihr habt doch als Parlamentarier andere Möglichkeiten, wenn ihr nicht nur eigene Karrieregesichtspunkte im Kopf habt!« Insofern ist die Frage berechtigt. Selbstverständlich, denke ich, muss ein Politiker auch in der Lage sein, bestimmte Tiefen und Enttäuschungen anzunehmen und damit fertigzuwerden versuchen. Wenn jeder resignieren würde, hätte das ungute Folgen für die Qualität einer Demokratie. Wenn es aber jemand tut, muss man es respektieren, auch wenn man persönlich anderer Auffassung ist.

Konnten die Äußerungen der Bundeskanzlerin zum deutschen Papst vielleicht auch deshalb das »Fass zum Überlaufen bringen«, weil das ein ganz besonderer Tropfen, ein besonderer Vorfall war?

Es war ein ganz besonderer und in mehrfacher Hinsicht unglaublicher Vorgang: Bei einer Pressekonferenz mit einem Regierungschef aus Kasachstan, einem Staatsoberhaupt, das sein Land diktatorisch regiert, als deutsche Bundeskanzlerin einen deutschen Papst aufzufordern, er solle sich eindeutig zum Holocaust erklären, ist nun in der Tat nicht nur ein diplomatischer Fauxpas. So etwas macht man einfach nicht! Ich will jetzt nicht auf die Williamson-Affäre eingehen, weil das für die Regierungschefin in Deutschland nicht besonders angenehm wäre, da sie offensichtlich aus theologischer oder kirchenrechtlicher Unkenntnis oder Ignoranz die Rücknahme einer Exkommunikation und einer Rehabilitation überhaupt nicht auseinandergehalten hat. In diesem konkreten Fall ging es um die Rücknahme der Exkommunikation und nicht darum, dass Papst Benedikt XVI. Bischöfe der Priesterbruderschaft rehabilitieren wollte, schon gar nicht einen Holocaustleugner, was ihm übrigens als Information vorenthalten worden war.

Dass Merkel ausgerechnet gegenüber Papst Benedikt XVI., dessen Besuch in Auschwitz erst wenige Jahre zuvor in Bild und Ton in der Weltöffentlichkeit verbreitet worden ist, meinte, eine moralische Ermahnung anbringen zu müssen, das fand ich menschlich schäbig und in der Sache völlig unangebracht. Ich weiß aus einem der Interviewbücher mit Peter Seewald, dass es Auschwitz war, das Benedikt XVI. dazu brachte, über die Güte Gottes auch einmal zweifelnd nachzudenken, und dass er eine kurze Zeit ein Problem hatte, damit fertigzuwerden – nach dem Motto: Wie konnte Er das alles zulassen?

Sie sagten, es gab keine Reaktion aus der CDU zu Ihrem Austritt. Aber es gab doch sicher Reaktionen aus dem Bekannten- oder Freundeskreis. Wie sahen die aus?

Es gab sehr viele Reaktionen von Freunden und Bekannten – fast ausschließlich Verständnis und Unterstützung. Ich habe auch von vielen, mir persönlich meistens unbekannten Menschen Post und E-Mails bekommen, und zwar angefangen von den einfachsten Leuten über Ärzte und Juristen bis hin zu ehemaligen Botschaftern der Bundesrepublik Deutschland. Der Höhepunkt war, dass zwei Bundestagsabgeordnete der CDU und ein amtierender, aktiver Staatssekretär mir geschrieben haben: »Hoher Respekt! Wir anerkennen Ihre Entscheidung, und wir teilen Ihre Begründungen. Leider können wir selbst aber eine solche Auffassung öffentlich nicht vertreten.« Sie haben dabei natürlich in erster Linie an die Sicherung ihrer eigenen Existenz oder auch an ihre Karriere gedacht. Ich weiß es nicht. Was den an mich gerichteten Wunsch betraf, weitere öffentliche Kommentare abzugeben, war ich sehr zurückhaltend. Ich habe es mehrfach abgelehnt, an Talkshows teilzunehmen. Ich hatte alles gesagt, was ich zu sagen hatte, auch in einigen wenigen Zeitungskommentaren. Ich bin nur bei einer Sendung von Maybrit Illner zugeschaltet worden, da hatte ich zugestimmt, weil ich noch einmal die Frage mit Papst

Benedikt XVI. erläutern konnte, denn ich hatte das Gefühl, dass neben der Bundeskanzlerin auch andere nicht verstanden hatten, was der Unterschied zwischen Exkommunikation und Rehabilitation ist.

Sie haben Erika Steinbach erwähnt, die inzwischen auch aus der CDU ausgetreten ist, ebenso wie Frank Richter und andere bekannte Politiker. Fühlen Sie sich mittlerweile wie ein Pionier? Wie ein Politavantgardist? Gibt Ihnen das eine gewisse Genugtuung? Oder sagen Sie sich, ja, vielleicht bin ich ein Pionier, aber das ist eigentlich traurig, das möchte ich gar nicht sein?

Mir sind tatsächlich einige gefolgt, teilweise aus den gleichen, teilweise aus ähnlichen Gründen. Wenn Sie nach Erika Steinbach fragen: Ich will nicht ihre aktive Tätigkeit – das ist ihre Entscheidung – für die AfD kritisieren. Das ist keine verbotene Partei in Deutschland, die zweifellos ein Existenzrecht hat, solange sie nicht vom Bundesverfassungsgericht verboten wird. In einer Demokratie geht man mit einer Partei nicht so um, dass man sie ausschließlich mit Schimpfworten belegt und ausgrenzt, sondern setzt sich mit ihr inhaltlich auseinander. Und die 12,6 Prozent, die sie bei der Bundestagswahl 2017 bekommen hat, bekam sie ja nicht nur von Wählern, die lauter Dummköpfe sind und die man als »Dumpfbacken« (Wolfgang Schäuble) abqualifizieren darf. Wenn Erika Steinbach eine solche Entscheidung fällte, ist das ihre Sache. Fest steht, dass diese Frau in sehr unwürdiger Art und Weise nach den vielen Jahren im Parlament verabschiedet worden ist. Ich habe ihre letzte Rede abends in den Nachrichten der »Tagesschau« gesehen, ihren Abgang aus dem Parlament erlebt und mich gefragt: Wie kann man eigentlich unter Gesichtspunkten der Menschlichkeit mit einer Kollegin nach so vielen Jahren Zusammenarbeit so umgehen? Die Frage der politischen Position ist doch nicht die einzige entscheidende Frage, sondern es ist doch auch eine Frage des Umgangs und der personalen Würde, über die man eine Vorstellung haben muss und die man in der Weise nicht entwerten kann. Also: Politavantgardist, warum eigentlich nicht? Ich habe keine Einwände, wenn andere etwas später zu der gleichen Einschätzung kommen, die ich schon vorher hatte. Natürlich berührt es mich auch und macht mich traurig, wenn ich sehe, was alles an politischer Kultur, Tradition und Werten in der CDU in den letzten Jahren zerstört worden ist. Der hohe Verlust und die große Abwanderung vieler Wähler von der Union zu anderen Parteien bei der Bundestagswahl im September 2017 hat dies eindeutig bewiesen. Viele sind darüber beunruhigt. Wolfgang Bosbach, den ich sehr schätze, hat es einmal gut ausgedrückt: »Nicht ich habe mich geändert in meinen Grundauffassungen, sondern die Partei hat sich geändert und von mir entfernt. Deshalb habe ich jetzt eine distanziertere Position.« So war und ist das auch bei mir. Nur ist meine Position noch wesentlich distanzierter als die von Wolfgang Bosbach.

Es gibt seit 2017 den »Freiheitlich-konservativen Aufbruch« (FKA) in der CDU. Welche Chancen geben Sie ihm?

Gar keine, bestenfalls sehr geringe. Ich bin zu einem Zeitpunkt aus der Partei ausgetreten, da ich mir die Frage gestellt habe, ob ich innerhalb der Partei noch etwas bewegen kann oder ob ich, wenn überhaupt, nur dann etwas bewegen kann, wenn ich mit einem öffentlich bekannt gemachten Austritt die Partei vielleicht zum Nachdenken bringe. Ich habe alles Revue passieren lassen, welchen Weg unter Gesichtspunkten einer christlich orientierten Politik die Partei genommen hat. Ich habe mir in Erinnerung gerufen: Was gab es denn für Vereinigungen, für Organisationen, für Arbeitskreise in der Partei, die eigentlich erfolgreich sowohl gegen den permanenten Abbau von Werten als auch gegen die Eigenmächtigkeit der Regierungspolitik Merkel hätten angehen müssen – denen ich ihr Bemühen auch nicht abspreche? Egal, ob ich über die Christdemokraten für das Leben (CDL) spreche, über den Evangelischen Arbeitskreis (EAK), über die spätere Gründung des Arbeitskreises Engagierter Katholiken (AEK) oder über diesen von Ihnen erwähnten Arbeitskreis der Konservativen. Es gibt genügend Belege dafür, dass alle keine Auswirkungen auf die konkrete Politik der Partei hatten und haben. Ich schließe daraus, dass es auch weiteren Arbeitskreisen ganz genauso ergehen wird, die mehr oder weniger wohlwollend oder belächelt oder ironisierend zur Kenntnis genommen werden, die aber auf die konkrete, aktuelle Politik keinen Einfluss nehmen können. Wenn ich weiß, dass ich innerparteilich nichts mehr bewegen kann, was soll ich dann noch mit einem neuen Arbeitskreis?

Wie sieht Ihr christliches und demokratisches Engagement nun jenseits der CDU aus?

Ich habe meine christlich orientierte und motivierte Missionsarbeit im politischen und gesellschaftlichen Raum nicht eingestellt, sondern sie nur verlagert. Ich bin Schirmherr für den Kongress »Freude am Glauben« des »Forums Deutscher Katholiken« geworden, dessen Kuratorium ich auch angehöre und bei dem ich seit Jahren regelmäßig als Referent auftrete. Ich bin Mitglied der Joseph-Höffner-Gesellschaft, vier Jahre lang war ich in ihrem Vorstand. Ich habe aktiv bei der

Kirchenmesse »Gloria« mitgewirkt, viele Vorträge gehalten und schreibe regelmäßig Essays für katholische Medien. Ich war bei christlichen Parteien als Redner eingeladen, zum Beispiel bei der AUF, der »Partei für Arbeit, Umwelt, Familie«, die christlich orientiert war und jetzt mit der »Partei Bibeltreuer Christen« fusioniert hat zur Partei »Bündnis C«, wobei das »C« für Christen steht. Ich war zweimal als Referent bei den Christsozialen Katholiken (CSK), dem katholischen Arbeitskreis der CSU eingeladen, der vom Abgeordneten des Bayerischen Landtages, Thomas Goppel, dem Sohn des früheren Ministerpräsidenten, geleitet wird. Dieser politisch orientierte Arbeitskreis hat mich um einen Vortrag gebeten zum Thema: »Das Pontifikat von Papst Benedikt XVI.« Ich sehe meine Mission jetzt also auf einer anderen Ebene und wende mich dabei an andere Adressaten.

Aus dem Verteiler der Konrad-Adenauer-Stiftung haben Sie sich, wie man hört, auch streichen lassen. Das wirkt ein wenig verbittert.

Ich leugne nicht ein Stück Verbitterung über diese Entwicklung, die ich erlebt habe. Glücklich bin ich darüber nicht. Denn natürlich verdanke ich der CDU einiges, auch der Konrad-Adenauer-Stiftung. Was aus der Partei Konrad Adenauers geworden ist, habe ich gerade beschrieben. Ich habe einige Reden Konrad Adenauers aus der frühen Nachkriegszeit öfter gelesen und war fasziniert, welche Bedeutung er der europäischen Entwicklung unter christlichen Gesichtspunkten zugewiesen hat, weil er eben das »Dritte Reich« und den Zweiten Weltkrieg auch unter dem Zerfall christlicher Grundwerte beurteilt hat. Für Angela Merkel war in ihrer ersten Rede im Europäischen Parlament die »Toleranz« das entscheidende Kriterium, nicht irgendein christlicher Grundwert ... Das ist schon ein gravierender Unterschied. Und im Übrigen war ich ja immerhin über insgesamt etliche Jahre Stipendiat, Prüfer und Vertrauensdozent der Konrad-Adenauer-Stiftung.

Ich habe von meiner Zeit in Bulgarien gesprochen. Ausgerechnet dorthin wurde – noch unter dem Vorsitz von Bernhard Vogel bei der Konrad-Adenauer-Stiftung – ein Vertreter dieser Stiftung als ihr Repräsentant berufen, der in den Jahren zuvor erheblich dazu beigetragen hatte, meine Regierung in Sachsen-Anhalt niederzuschreiben. Auch hier waren übrigens Revanchegelüste das leitende Motiv, weil dieser Journalist mein Regierungssprecher in Magdeburg werden wollte, was für mich aber nicht im Entferntesten infrage kam. Dieser damalige Redakteur der »Bild«-Zeitung in Magdeburg wurde als Repräsentant der Konrad-Adenauer-Stiftung berufen, ohne dass man mich vorher ein einziges Mal zu ihm befragt hätte. Das hat dazu geführt, dass ich kein Interesse mehr daran hatte, länger Mitglied dieser Stiftung zu sein. Ich habe später mit Bernhard Vogel über meine Enttäuschung gesprochen. Zu meinem großen Erstaunen sagte er mir, dass er das, was ich ihm zu dieser Person gesagt habe, nicht gewusst hätte. Ich wollte dann nicht mehr wissen, wer denn damals die Bewerbungsunterlagen in der Konrad-Adenauer-Stiftung geprüft hatte, zumal diese Person vor der Berufung nach Sofia Pressesprecher des Vorsitzenden der Konrad-Adenauer-Stiftung gewesen war.

Die Zeiten haben sich gewandelt – der Einfluss der Kirche auf das Denken der Bevölkerung ist gering: Versucht Bundeskanzlerin Angela Merkel bei aller Modernisierung nicht das Mögliche, um das christliche Profil der CDU zu bewahren? Wenn die Partei zu christlich, zu fromm wäre, wäre die CDU wahrscheinlich nur noch eine Splitterpartei angesichts der Säkularisierung unserer Gesellschaft.

Davon bin ich nicht überzeugt, weil diese Annahme nicht bewiesen ist. Wenn man nicht versucht hat gegenzusteuern, bekommt man kein anderes empirisches Ergebnis als das, was man konkret erfährt. Wir können jetzt nicht alle Felder abrufen, in denen ich Gegenbeweise habe, dass unter der Führung von Angela Merkel Politik nicht nach christlichen Grundsätzen betrieben worden ist. Doch man kennt die Stichworte: Gender-Mainstreaming als Leitprinzip ihrer Regierungsarbeit, Abtreibung, Präimplantationsdiagnostik, Stammzellenforschung, Ehe für alle, Suizidbeihilfe, Bioethik usw. Ihre Eigenmächtigkeiten in der Abschaffung der Wehrpflicht und der »Energiewende« sollten wir bei der Aufzählung nicht vergessen. Und dass sie nichts unternimmt, um eine »deutsche Leitkultur« zu definieren, ist auch bezeichnend.

Trotzdem, bei aller sicherlich berechtigten Kritik: Ist es nicht zu einfach, Angela Merkel zum »linken« oder »relativistischen Sündenbock« der Christdemokraten zu erklären? Hat der Relativierungsprozess nicht bereits viel früher, nämlich unter Bundeskanzler Helmut Kohl, angefangen? War er nicht der Erfinder einer Politik der Mitte und damit auch der Beliebigkeit? Trägt Kohl nicht wenigstens eine Mitverantwortung dafür, dass der CDU das christliche Profil fehlt, wenn es um Lebensschutz, Familien- und Identitätspolitik geht?

Ich weiß nicht, ob er der Erfinder einer solchen Politik war, zumindest ist er dieser Politik gefolgt. Helmut Kohl hat sicherlich schon in seiner Regierungszeit den Anfang einer solchen neuen Politik zu verantworten. Er hat von der Notwendigkeit einer »geistig-moralischen Wende« gesprochen, die er nicht begonnen, geschweige denn aktiv betrieben hat. Helmut Kohl war ein machtbewusster Politiker. Er hat jede tatsächliche oder vermeintliche Bedrohung seiner Macht geradezu »gerochen« und sofort Mittel und Wege gefunden, Leute einzusetzen, die dagegen angingen. Sein Verhalten gegenüber Parteifreunden war auch nicht anders als das von Angela Merkel. Aber er hat auch keinen Hehl daraus gemacht. Angela Merkel tut immer noch so, als ob sie die große fürsorgliche »Mutti« sei. Helmut Kohl hat zu seinen Entscheidungen gestanden und hat sie auch vertreten. Pharisäertum habe ich bei Helmut Kohl nicht erlebt.

Steht Merkel nicht zu ihren Entscheidungen?

Es gibt ja inzwischen zahlreiche Bücher über sie, die ihre Vergangenheit beleuchten und Punkte ausmachen, die zum Nachdenken anregen. Daran ist allerdings verwunderlich, wie viele Jahre vergehen mussten, bevor eine solche ernsthafte

Darstellung über sie begonnen hat. Von Auseinandersetzung kann ja immer noch nicht die Rede sein. Angela Merkel war ausgewiesene Sozialistin in der früheren DDR, sie war in der Gorbatschow-Zeit ganz schnell »Reformsozialistin«. Dann war sie in der Wendezeit plötzlich beim »Demokratischen Aufbruch«, und weil sie gemerkt hat, dass diesem auch nicht die Zukunft gehört, trat sie der CDU bei und war plötzlich Helmut Kohls »Mädchen«. »Mein Mädchen« war ja seine Formulierung. Da gibt es insgesamt schon eine deutlich wahrnehmbare Eigenschaft, sich politisch zu wenden, wenn es opportun ist. Sie hat stets gespürt, wann es notwendig war, eigene Positionen zu ändern. Damit hat sie den politischen Relativismus perfektioniert. Die Anfänge waren bei Helmut Kohl, die Perfektionierung ist bei Angela Merkel festzustellen. Deshalb habe ich auch gewisse Sorgen, was die Zukunft betrifft. Angela Merkel agiert im Prinzip wie der französische Politiker Talleyrand. Der hat sich mal beim Besuch eines Gastes vors Fenster gestellt, weil draußen irgendeine Bewegung stattfand. Dann sagte er zu dem Gast: »Hier geht mein Volk, ich muss ihm nach, ich bin sein Führer.« Ich behaupte, dass dies auch die Position von Angela Merkel ist. Die Art und Weise, wie sie sich an Medienstimmungen und Umfragedaten orientiert, ist schon bemerkenswert. Position bezieht sie nämlich meistens erst dann, wenn sich eine mehrheitliche Meinung öffentlich abzeichnet.

Wagen Sie eine Prognose: Wie wird es weitergehen mit der CDU, wie wird es weitergehen mit der deutschen Parteienlandschaft?

Die Volksparteien, die eigentlich jetzt schon den Namen nicht mehr verdienen, werden weiter geschliffen. Sie werden immer weiter von der 40-Prozent-Marke wegkommen. Wir haben früher ja ernsthaft über absolute Mehrheiten diskutiert, die es bei Konrad Adenauer auch gab und bei Helmut Kohl bei einer Wahl fast gegeben hätte. Solche Situationen wird es nicht mehr geben. Wir werden eine weitere Relativierung, eine Orientierung hin zur Mitte bekommen – wie immer dann die Mitte definiert werden wird. Wenn die Sozialdemokratie für sich reklamiert, dass sie in Deutschland immer noch zum linken Flügel gehört, dann wüsste ich nicht, wo ich die CDU einordnen sollte. Der Kampf um die Mitte wird größer werden. Die Gefahr, die Versuchung des Relativismus in der Politik, wird ebenfalls anwachsen. Wenn das Ganze auch noch international vermischt wird, möglicherweise mit Veränderungen unserer Wahlgesetze, und zwar des passiven und des aktiven Wahlrechts, das man vielleicht irgendwann nicht nur für EU-Bürger, sondern darüber hinaus ausdehnt, zusätzlich vielleicht noch das Wahlalter reduziert, dann kann ich mir vorstellen, dass es eine noch weitergehendere relativistische Entwicklung in einem Vielparteiensystem geben wird. Meine Prognose für die Zukunft ist also keine sehr optimistische.

Glauben Sie, dass die Muslime in Zukunft in Deutschland sich im Rahmen einer Partei noch stärker gestalterisch zu Wort melden werden?

Ich halte das für möglich, sogar für wahrscheinlich. Wir haben ja schon einige Muslime in Regierungsämtern und in führenden Parteiämtern. Die Bemühungen um den Eintritt in den öffentlichen Dienst und in den Beamtenstatus sind auch intensiver geworden. Wir haben muslimische Verbände in Deutschland, die gezielt darauf hinarbeiten. Obwohl wir wissen, dass in dem einen oder anderen Verband auch Geheimdienstler anderer Nationen aktiv sind, werden sie nicht verboten. Wir kennen Hassprediger in bestimmten Moscheen, trotzdem werden die Moscheen nicht geschlossen und die Imame nicht des Landes verwiesen. Alle diejenigen, die schon heute eine bestimmte Position haben, werden dafür kämpfen, dass diese erweitert wird. Wenn wir wissen, dass im Islam die Religion keine Privatsache ist und dass Staat, Religion und Wirtschaft nicht voneinander getrennt werden, sondern dass immer die Eroberung der Staatsmacht das Ziel bleibt, dann können wir uns ausmalen, wie sich bei Veränderungen von Mehrheitsverhältnissen und Beeinflussungsmöglichkeiten die Zukunft unseres Landes entwickeln wird.

Was wartet auf Europa und die EU?

Wenn der jetzige Zustand anhält, dann ist die Zeit eines bewunderten Europas und einer politisch starken Europäischen Union endgültig vorbei. Wirtschaftlich ist die Europäische Union noch stark – das ist überhaupt keine Frage. Außenpolitisch aber ist sie schwach, sozialpolitisch heterogen. Was die Wirtschaftskraft betrifft, wissen wir, dass es ein Nord-Süd-Gefälle gibt, das nicht zur Stärkung beiträgt. Es gibt Rechtsbrüche, es gibt unsolidarisches Verhalten, das christliche Wertefundament ist weggebrochen. Es gibt sozusagen eine institutionalisierte Gottvergessenheit der EU, in der Präambel des Lissabon-Vertrages fehlt sogar ein Gottesbezug. Das alles macht Europa insgesamt schwächer und andere merken das – Russland zum Beispiel. Putin spürt in seiner geheimdienstlichen Mentalität, die er nie ablegen wird, wo die Zugriffschancen und wo die Schwachpunkte in Europa sind. Die nutzt er aus, indem er bestimmte EU-Mitgliedstaaten für sich und seine Ziele einzunehmen versucht. Auch die Chinesen handeln inzwischen nicht anders.

Und wenn ich dann darüber nachdenke, welche Staaten Beitrittsgespräche mit der EU führen – Serbien, Albanien, Mazedonien, die Türkei – und die alle noch Mitgliedstaaten der EU werden, dann ist das für mich im Ergebnis kein Grund zur Hoffnung für ein zukünftiges starkes Europa, sondern spricht eher dafür, dass die Auseinandersetzungen zunehmen werden. Stellen Sie sich vor, wenn die Türkei auf ihrem jetzigen Entwicklungsstand EU-Mitgliedstaat würde, was das die Gemeinschaft kostete! Und stellen Sie sich vor, was passieren würde, wenn jemand mit der Ideologie und Religionsbesessenheit eines Erdogan der Union, dem »Christenklub«, wie er respektlos sagt, beiträte – dann würde das nicht zur Stärkung der christlichen Werte der EU beitragen. Sicher ist lediglich, dass Deutschland der Nettozahler Nr. 1 in der EU bleiben wird: 2016 an der Spitze mit 13 Milliarden Euro vor dem zweitplatzierten Frankreich mit 8,2 Milliarden. Für die Zukunft hat der neue Minister der Finanzen bereits noch mehr Geld aus Deutschland zugesagt.

Der deutsch-französische Motor schenkt Ihnen auch keinen Europa-Optimismus?

Wissen Sie, zu Frankreich habe ich, nicht nur weil ich jetzt relativ nah an der Grenze wohne, immer eine besondere Beziehung gehabt. Mein Vater war, wie ich geschildert habe, noch in französischer Kriegsgefangenschaft. Ich selbst habe im Europäischen Parlament in Straßburg mit französischen Kollegen schwerpunktmäßig für die deutsch-französische Zusammenarbeit und Freundschaft arbeiten können – und meine jüngste Tochter hat einen Franzosen geheiratet. Wunderbar. Was für eine großartige Entwicklung innerhalb von sechzig Jahren, was für die Geschichte ja kein Zeitraum ist. Das deutsch-französische Projekt der Aussöhnung und sein positives Ergebnis will ich deshalb gar nicht relativieren – man muss jedoch auch die Zeichen der Zeit und die Vorboten der zukünftigen Entwicklung zur Kenntnis nehmen. Und die sehe ich für Europa leider nicht sehr günstig. Zahlreiche Politiker und Beamte scheinen eine Durchmischung mit Afrika zu wollen, um schneller zu einem übernationalen staatlichen Gebilde zu kommen, das die Nationalstaaten ablöst. Das steht ja auch ausdrücklich in den Verlautbarungen der UNO und der EU. Dann wird eines Tages die EU keine Bedeutung mehr haben, sondern es wird irgendeine globale Organisation geben, die über der EU steht. Der deutsch-französische Motor ist dann leider auch nur noch ein Phänomen der Vergangenheit. Und bei allen in der EU auftretenden Problemen immer sofort gebetsmühlenartig zu sagen, dass die Lösung nur in einem »Mehr Europa« liegen kann, ist hochgradig gefährlich. Solange so wenige Politiker, auch der französische Präsident Emmanuel Macron ist da keine Ausnahme, wissen, was Subsidiarität bedeutet, bewegt sich die EU auf abschüssigem Gelände. In der Abschaffung der Nationalstaaten – diese Absicht schimmert in politischen Erklärungen immer häufiger durch – kann nicht die Zukunft Europas liegen, auch wenn das noch so viele Freigeister meinen und auch wollen.

11. Kapitel

»Ein großer Gewinn für die Gläubigen«: Engagement für die katholische Kirche

Sie haben bereits Ihr vielfältiges Engagement in der Kirche (Schirmherr beim Kongress »Freude am Glauben« und Mitglied im Kuratorium, langjähriges Mitglied der Joseph-Höffner-Gesellschaft und auch vier Jahre im Vorstand) anklingen lassen – wagen Sie eine Prognose zur Zukunft des Christentums in Deutschland? Wie wird es weitergehen – in den Gemeinden, den Gemeinschaften?

Ich möchte nicht als Schwarzseher auftreten und ich lasse mir weder meine Hoffnung noch meine Fröhlichkeit von düsteren Perspektiven rauben, doch ich habe den Eindruck, dass es in unserem Land noch zu einem weiteren Abbau von Glaubenswissen und Glaubensüberzeugungen kommen wird. Die Gottvergessenheit wird immer größer und weitet sich aus zur Gottlosigkeit bis hin zur Gottesfeindschaft. Der Egokult mit der Forderung nach grenzenloser Freiheit nimmt Gott als Störfaktor mit überflüssigen und unzulässigen Einschränkungen der persönlichen Freiheit wahr. Die Entwicklung wird weiter abwärtsgehen, denn zusätzlich sind die religiösen Instanzen in unserem Land, die ein Korrektiv sein könnten, weggebrochen. Fragen Sie nach dem täglichen Gebet in der Familie zur Vermittlung von Glauben und Religion, nach dem katholischen

Religionsunterricht in den Schulen – in vielen Bundesländern kommt er gar nicht mehr als katholischer Unterricht vor, zumal längst einem ökumenischen Unterricht von beiden christlichen Kirchen der Vorzug gegeben wird – oder fragen Sie nach Vermittlung von Glaubensinhalten im Kommunion- und Firmunterricht in den Gemeinden: Vielfach werden die Hinführungen zu den Sakramenten durch Laien gemacht, die vorher nicht einmal in ihren Positionen geprüft worden sind. Deshalb bin ich außerordentlich skeptisch bezüglich der weiteren Entwicklung, insbesondere wenn ich zusätzlich die eingeleiteten Strukturreformen zur Schaffung von Großpfarreien betrachte, die zwangsläufig eine viel geringere pastorale Begleitung der Gläubigen zur Folge haben werden. Kommunionkinder und Firmlinge sieht man oft nur einmal in der heiligen Messe, nämlich lediglich am Tag dieser Feste selbst; der allgemeine Besuch der Gottesdienste am Sonntag nimmt immer weiter ab, die Sakramente und ihre besondere Würde werden belächelt, Eheschließungen finden immer weniger in der Kirche statt, dafür nehmen die Ehescheidungen zu. Der »große Aufstand« der Kirche gegen die »Ehe für alle« und Gender-Mainstreaming findet nicht statt. Der Ruf nach »Entklerikalisierung« durch katholische Laienverbände wird immer lauter. Die Forderung nach einer »Entweltlichung« der katholischen Kirche hat Papst Benedikt bei seinem Besuch in Deutschland im September 2011 in den Wind gesprochen. Die Pastoral in den vergangenen Jahren hat seit Ende des Zweiten Vatikanischen Konzils 1965 weitgehend versagt.

Was kann man gegen diesen Negativtrend tun?

Meine Frau und ich hatten eine gute Beziehung zu Joachim Kardinal Meisner, für die wir sehr dankbar waren. Wir haben uns öfter getroffen. Eine seiner vielen guten Aussagen, der ich uneingeschränkt zustimme, hat mich besonders beeindruckt. Er hat einmal gesagt: Wir brauchen keine weitere Verweltlichung, bei der dann irgendwann »die Seelsorge zur Psychotherapie, die Mission zur Entwicklungshilfe, die Caritas zur Sozialarbeit, der Gottesdienst zur liturgischen Folklore, die ansprechend sein muss, und die Lehre von den Letzten Dingen zu einem innerweltlichen Fortschrittsglauben wird«. Ich finde diese Aussage ungemein treffend, denn sie ist eine präzise Beschreibung der heutigen Situation. Sie impliziert gleichzeitig auch die nötige Kurskorrektur und Kursrichtung. Denn alle Aktionen heute, die dem allgemeinen Mainstream folgen und sich dem Staat und der Gesellschaft gegenüber anbiedern und beliebt machen wollen, haben nichts mit der Verkündung der Wahrheit zu tun, die aber unser Auftrag ist. Wenn den Gläubigen jedoch nicht mehr mit Vorrang die Wahrheiten des eigenen katholischen Glaubens, sondern bis zu den Spitzen der Deutschen Bischofskonferenz ökumenische Toleranz zu vermitteln versucht wird, ergänzt um die Aussage, dass wir Christen denselben Gott anbeten wie die Muslime, dann ist es kein Wunder, dass immer mehr Gläubige resignieren und verzweifeln.

Glauben Sie, dass der Pontifex in Rom diese Kursrichtung anstrebt? Für Deutschland, für Europa?

Ich verfolge sehr aufmerksam, was Papst Franziskus sagt. Der Papst ist ja eine wichtige Institution unseres Glaubens. Es gibt eine Auftragserteilung von Jesus an Petrus, und es gibt eine Folgeentscheidung dieses Auftrags. Insofern weiß ich schon, welche tatsächliche oder eigentliche Rolle der Papst der katholischen Kirche dann auch zu übernehmen hat. Ich kann manche Positionen von Papst Franziskus, etwa zur Menschenwürde, zum Schutz der Schöpfung und zum Lebensrecht eines Menschen vom Anfang bis zu seinem Ende, auch das Recht des ungeborenen Lebens, das des besonderen Schutzes bedarf, weil es selbst wehrlos ist, nur begrüßen und unterstützen. Andere Auffassungen verstehe ich nicht und unterstütze sie auch nicht, was ich auch darf, wenn sie nicht *ex cathedra* formuliert worden sind. Wenn ich zum Beispiel die Texte von Interviews im Flugzeug von ihm lese, halte ich bei vielen Antworten den Atem an. Ich mache nicht den Fehler, den einige machen, dass ich versuche, ihn mit Papst Benedikt XVI. oder mit Papst Johannes Paul II. zu vergleichen. Jeder Papst hat seine Eigenständigkeiten und auch seine eigenen Schwerpunkte. Jeder Papst hat auch seine eigenen Stärken und Methoden. Ich kann nach dem großen theologischen Genie Benedikt XVI. nicht jeden nachfolgenden Papst mit ihm vergleichen. Die Theologie, die Benedikt XVI. uns geschenkt hat, wird hoffentlich dazu führen, dass er irgendwann, weil er es verdient hat, zum Kirchenlehrer erhoben wird. Also: Einen solchen Fehler unzulässiger Vergleiche mache ich nicht. Papst Franziskus kommt aus einem anderen Erdteil, er hat eine ganz andere Biografie: als Ordensvertreter, Vertreter des lateinamerikanischen Kontinents, als Vertreter eines Kontinents, eines Landes wie Argentinien, in dem auch die Theologie, vor allem die Pastoral, anders verstanden wird, auch anders praktiziert werden muss aufgrund der konkreten gesellschaftlichen Situation. Deshalb schätze ich besonders seine Positionen in der Abtreibungsfrage und in der Frage der Suizidbeihilfe. Das Leben ist ein vom Schöpfer geschenktes und deshalb hat kein Mensch das Recht, zu Beginn oder am Ende des Lebens einzugreifen und eigenständige Entscheidungen über Anfang und Ende des Lebens zu fällen. Diese seine eindeutige Haltung ist auch deshalb so wichtig, weil inzwischen viele Menschen Schöpfer und Geschöpf verwechseln und in Wissenschaft, Forschung und Praxis angefangen haben, Schöpfer zu spielen, weil sie mit der Rolle des Geschöpfes nicht mehr zufrieden sind. Hier also teile ich die Positionen des Papstes ohne Einschränkung. In anderen Fragen stimme ich ihm aber nicht zu: Seine Aussage »Wenn man über Gewalt im Islam redet, muss man auch über Gewalt unter Christen reden« kann ich so nicht akzeptieren, weil sie zumindest missverständlich ist. Ob Gewalt eine Systemfrage, eine in den Schriften der Religion festgelegte Überzeugung, ist oder ob es Auseinandersetzungen sind, die trotz des Liebesgebotes der Schrift vollzogen werden, macht schon einen wesentlichen Unterschied aus. In der Bibel gilt im Neuen Testament das uneingeschränkte Gebot der Liebe. Im Koran wird an mehreren Stellen zum Kampf gegen »die Ungläubigen«, also Nichtmuslime, also auch gegen die Christen, aufgerufen. Das ist ein fundamentaler Unterschied.

Ich stimme auch nicht mit *Amoris laetitia* überein, vor allem nicht mit Kapitel 8. Ich habe die Beratung und das Ergebnis ohnehin für überflüssig gehalten. Wir haben vorher eine absolut klare und unzweideutige Aussage von Papst Johannes Paul II. in dem Apostolischen Schreiben *Familiaris consortio* (1981) erhalten. In *Familiaris consortio* wird im Kapitel

»Besondere Situationen« *das Problem der wiederverheirateten Geschiedenen* behandelt. Die Ehe ist ein Sakrament. Ein Sakrament kann ich nach meiner Auffassung nicht zur Disposition des persönlichen Gewissens stellen. Ich kann ein Sakrament nicht persönlich interpretieren – die Ehe nach meiner besonderen Lage, in der ich mich befinde. Diese situative Entscheidungsmöglichkeit, die wohl typisch für die Jesuiten ist, akzeptiere ich nicht.

Ich muss auch sagen: Wenn vier Kardinäle, die qua Amt Verantwortung für die Lehre der katholischen Kirche haben – nur zwei davon leben noch –, Zweifel an einem Apostolischen Schreiben anmelden und darum bitten, mit dem Papst darüber zu sprechen, und wenn dem kein Gehör verliehen wird und wenn dann nach einer längeren Zeit noch einmal um eine Audienz gebeten wird und alles wird ignoriert: Dann, muss ich sagen, habe ich mit einem solchen Verhalten nicht nur ein Problem, sondern kann es auch nicht akzeptieren, allein schon aus Gründen der Mitmenschlichkeit. Die Erklärung dafür hat der Papst übrigens einmal selbst in einem Gespräch mitgeteilt. Er hat gesagt, er sei sehr impulsiv und er neige dazu, autoritäre Entscheidungen zu fällen. Aber diese Begründung darf keine Entschuldigung sein, schon gar nicht im Verhalten gegenüber Kardinälen, zumal diese eine besondere Mitverantwortung für das Gesamtwohl unserer Kirche und der Gemeinschaft ihrer Gläubigen haben.

Sehen Sie die Gefahr eines Schismas?

Die Gefahr eines Schismas ist nicht nur größer geworden, sondern in Anfängen ist es bereits da. Schauen Sie sich mal die unterschiedlichen Reaktionen auf *Amoris laetitia* an. Mir war klar, dass die Möglichkeit, sogar die Wahrscheinlichkeit eines Spaltpilzes angelegt ist in diesem Apostolischen Schreiben. Argentinien, Malta, die Schweiz, Deutschland – das ist die eine Gruppe, die zustimmt; Polen, Kasachstan, einige Bischöfe in den USA, mehrere in Afrika, die Kardinäle der *Dubia*, wie vorhin schon erwähnt, das ist die andere Gruppe, die der Position des Papstes nicht zustimmt. Wir haben also praktisch schon ein Schisma in dieser Frage, die wichtig ist, weil es um die Bewertung eines Sakramentes geht. Was bis heute allerdings öffentlich gar nicht diskutiert wurde: In welchem Dilemma befindet sich jetzt eigentlich jeder einzelne Priester? Zwischen seiner persönlichen Auffassung und seiner Treue, die er bei seiner Weihe dem Bischof geschworen hat? Wenn die Meinungen identisch sind – kein Problem. Aber wenn der Priester anderer Auffassung ist als der Bischof seiner Diözese, wie verhält er sich dann? Der Verweis der Befürworter auf die Barmherzigkeit Gottes ist sicher grundsätzlich richtig, zumal wir Menschen die Größe der göttlichen Barmherzigkeit natürlich nicht kennen. Aber wir machen mit Sicherheit einen großen Fehler, wenn wir die Barmherzigkeit Gottes gegen seine Gerechtigkeit ausspielen oder diese gänzlich negieren.

Was gibt Ihnen mit Blick auf die Kirche Hoffnung?

Theologische Stürme hat es in der Kirchengeschichte x-fach gegeben. Das Boot ist nicht nur einmal schwankend auf See gewesen, sondern schon vielfach. Wir können auch weiterhin gefestigt sein in Jesus Christus, der uns die Zusage gegeben hat, bei uns zu sein bis ans Ende der Welt. Hinzu kommt: Ich sehe in der Kirche durchaus auch positive Entwicklungen. Ich nehme zum Beispiel die Überlegungen über den Wert des Betens und der Liturgie sehr ernst – herausragend zusammengefasst in dem Buch »Die Kraft der Stille« von Robert Kardinal Sarah. In Herzogenrath gibt es einen Pfarrer, Guido Rodheudt, der eine wunderbare Schrift mit Fotos von den sakralen Symbolen aufgelegt hat mit dem Titel: »Von der Anwesenheit des Verborgenen – der Schatz der römischen Messe«. Er schreibt dort, beim Vollzug dieser Messe sagen besonders auch Jugendliche, die sich an die lateinische Messe von früher gar nicht mehr erinnern können, »dass sie dort in dieser Messe (der lateinischen Messe) mehr Stille finden und dass ihnen dort Gott näher ist, weshalb ihnen der Mitvollzug der Alten Liturgie die Erfahrung des Heiligen eher möglich macht und ihnen genau damit die Messe eher alltagstauglich erscheinen lässt als der kurzlebige Wortwust mancher gestalteten Liturgie«. Das sagen Jugendliche, die aus der lateinischen Messe kommen. Sind wir bereit, das ernst zu nehmen, uns darüber zu freuen und ihren Wunsch in die Praxis umzusetzen?

Wie halten Sie es denn persönlich mit der Messe des außerordentlichen Ritus?

Ich gehe hin und wieder in die »Alte Messe«. Meine Frau würde wahrscheinlich noch öfter gehen, überlässt aber meistens mir diese Entscheidung. Im Übrigen wird sie in Freiburg lediglich sonntags um 17.30 Uhr zelebriert, was ich für eine unpassende Zeit halte. Wie ich am Anfang sagte: Ich habe in meiner Kindheit und Jugend nur die lateinische Messe erlebt, dann kam die Liturgiereform des Zweiten Vatikanischen Konzils. Dank *Summorum Pontificum* aus dem Jahr 2007 wird zur Messfeier im außerordentlichen Ritus wieder ausdrücklich eingeladen. Das ist ein großer Gewinn für die Gläubigen, die das Bedürfnis haben, an diesem Ritus teilzunehmen. Deshalb verstehe ich auch viele Diskussionen über unterschiedliche

Formen der Feier der Liturgie nicht, soweit sie zugelassen sind. Uns sind verschiedene gültige Formen geschenkt, worüber wir uns freuen können. Warum soll denn der Gläubige nicht selbst entscheiden, von welcher Form der Liturgie er sich am meisten angezogen fühlt? Jede gültige Form hat ihre je eigene Würde. Warum also müssen so viele Gläubige in unseren Diözesen für das Angebot einer heiligen Messe im außerordentlichen Ritus kämpfen? Warum gibt es vonseiten der Diözesanleitungen so viele Widerstände und nicht selten an den Haaren herbeigezogene Argumente der Verweigerung, bei denen Hinweise auf die Haltung der Pfarrgemeinderäte, Nichteignung der Kirche, Gottesdienstzeiten, Gebrauch von zu viel Weihrauch … als Gründe zur Ablehnung herhalten müssen? Welche Kompetenz wird einem Pfarrgemeinderat bei der Frage der Genehmigung einer gültigen Form der Messfeier inzwischen zugestanden? In den letzten Jahren sind in Deutschland ungefähr 500 Kirchen verkauft oder für andere Zwecke (Museen, Kulturzentren, Konzerthallen …) umgewidmet worden. Und da gibt es keinen Raum für Messen im außerordentlichen Ritus? Lächerlich und unglaubwürdig!

12. Kapitel

»Ich freue mich über jeden neuen Tag«: Persönliches zum Ausklang

»Unser Leben währt siebzig Jahre, und wenn es hoch kommt, sind es achtzig. Das Beste daran ist nur Mühsal und Beschwer, rasch geht es vorbei, wir fliegen dahin«, heißt es im Psalm 90. Lassen Sie uns am Ende des Gespräches über Ihr Leben noch einmal ganz persönlich werden. Wie erleben Sie mit siebenundsiebzig Jahren das Dahinfliegen? Denken Sie viel über das Sterben und den Tod nach?

Ich empfinde überhaupt nichts beim Dahinfliegen, weil ich mir nie so vorkomme, als ob ich dahinfliegen würde. Ich genieße jeden Tag. Ich danke meinem Schöpfer für jeden Tag meines Lebens, den er mir schenkt. Meine erste Tat morgens schon beim Aufstehen aus meinem Bett mit Blick auf ein größeres Kreuz, das vor mir steht, ist ein Morgengebet. Und das Morgengebet ist ein Dankgebet, weil ich es nie für selbstverständlich halte, dass sich mein Leben Tag für Tag fortsetzt. Für mich fliegt es deshalb nicht dahin, weil ich dieses Geschenk gerne annehme, mich dafür bedanke und es deshalb auch täglich genieße. Ich freue mich über jeden Tag, den ich erleben darf. Ich habe auch sonst vielfältigen Grund, mich bei meinem Schöpfer für das Leben, das er mir geschenkt hat, zu bedanken. Ich habe eine wunderbare Frau, mit der ich im 50. Ehejahr verbunden bin. Wir haben drei Kinder und fünf Enkelkinder, eine schöne Wohnung, ein gesichertes Alter, und mit unserer Gesundheit können wir auch insgesamt zufrieden sein: keine Selbstverständlichkeiten, sondern Anlass zur Freude und Dankbarkeit über diese Geschenke in Fülle.

Es war auch in unserer Familie das Morgengebet, Tischgebet und Abendgebet mit den Kindern, bis sie aus dem Haus gingen, immer eine Selbstverständlichkeit. Der Besuch der heiligen Messe sonntags wurde überhaupt nicht infrage gestellt. Ich habe mit meiner Frau häufig auch über den Tod gesprochen. Wir haben vielfach bei Freunden und Bekannten Erstaunen geerntet, weil diese verwundert waren über die – ich sage mal – gewisse Leichtigkeit, mit der meine Frau und ich über den Tod sprechen. Indem wir sagen: Der Tod gehört doch zum Leben und es wird doch unglaublich spannend, wie die Todesstunde ablaufen und wie es danach sein wird und wie diese Zusage des nicht irdischen, sondern himmlischen Lebens dann aussehen wird. Wir haben uns im vergangenen Jahr auch in diese Thematik »eingelesen«, etwa durch die Bücher von Papst Benedikt (»Eschatologie. Tod und ewiges Leben«), Gerhard Lohfink (»Am Ende das Nichts?«) und Gisbert Greshake (»Leben – stärker als der Tod«): eine faszinierende Lektüre, die viele neue Einsichten vermittelt und zum Nachdenken anregt. Wir haben alles, was das Requiem und den gesamten Ablauf unserer Beerdigung betrifft, geplant und aufgeschrieben. Unsere Kinder brauchen sich keine Gedanken über die liturgischen Texte oder die Todesanzeigen zu machen, denn das finden sie vor, wenn einer von uns beiden stirbt oder wir beide zusammen sterben. Wir haben auch schon eine Grabstätte erworben, weil wir der Auffassung sind, dass man in der Situation des Todes eines Ehepartners den

Überlebenden mit all den auf ihn zukommenden Aufgaben nicht allein lassen sollte.

Wir bereiten uns auch im Gebet auf den Tod vor. Ich hoffe auch, dass es eine entsprechende Todesbegleitung geben wird, das heißt, ich hoffe, dass sie möglich sein wird aufgrund des Gesundheitszustandes des Ehepartners und der Anwesenheit der Kinder. Ich kann mir ziemlich gut vorstellen, wie meine Frau, wenn sie gesund ist, mich in der Sterbestunde begleiten würde. Und mir tut häufig derjenige leid, der als Zweiter stirbt, weil er die Begleitung seines Ehepartners in der Todesstunde nicht erfahren kann, sondern vielleicht nur noch die der Kinder und Enkelkinder. Also: Es gibt eine Vorbereitung auf den Tod, wobei die letzte Entscheidung natürlich dem Herrgott vorbehalten bleibt. Deshalb fliegen für uns die Tage nicht dahin, sondern wir genießen sie und bereiten uns auf das vor, was uns erwartet, soweit es möglich ist. Wie es dann in der Todesstunde um uns wirklich bestellt sein wird, das wissen wir natürlich nicht und überlassen es dem Herrgott, der bei uns sein wird.

Waren Sie dem Tod schon einmal nah? Durch Krankheit oder eine bestimmte Gefahrensituation?

Nein. Ich habe in meinem Leben nur eine einzige, etwas ernsthaftere Operation gehabt, einen Nierentumor, der sich 2015 gezeigt hat und operativ entfernt werden musste. Ich habe mich in ein Krankenhaus begeben, in dem sich eine Kapelle befand, in der der tägliche Kommunionempfang möglich war, wovon ich auch gerne Gebrauch gemacht habe. Meine Frau hat eine Phase eines Brustkarzinoms durchgemacht. Als Ärztin für Anästhesie und Intensivmedizin ist sie mit dem Tod viel öfter in Berührung gekommen als ich, weil sie eine ganze Zeit im Rettungshubschrauber mitgeflogen und jahrelang im Rettungswagen der Malteser als Anästhesistin mitgefahren ist, im Krankenhaus auch die Intensivstation geleitet hat und somit durch ihre ärztliche Tätigkeit sehr häufig mit Tod und Sterben konfrontiert war.

Was denken Sie hinsichtlich all der »Mühsal und Beschwer« in Ihrem Leben – war es alles gut so? Was würden Sie anders machen, wenn Sie noch einmal die eine oder andere Etappe Ihres Lebens nochmal zurücklegen könnten? Nicht in die CDU eintreten, mehr Zeit für die Familie haben ...

(Lacht). Zunächst einmal, es war insgesamt alles gut so. Ich habe gerne alles angenommen, ich war auch mit allem grundsätzlich zufrieden. Mit der Art meines politisch inszenierten Hinausdrängens aus Sachsen-Anhalt war ich natürlich nicht zufrieden, aber insgesamt bin ich mit meinem Leben außerordentlich zufrieden. Ich hätte mich vielleicht früher ein bisschen mehr um Geduld bemühen müssen. Ich bin ein Mensch, der sehr schnell zu Entscheidungen kommen will und vieles Drumherumreden nicht mag. Ich habe das Buch »Die Entdeckung der Langsamkeit« gelesen, in dem der Protagonist vieles überdenkt und noch einmal überprüft, ob das, was er zunächst für gut hielt, richtig ist oder nicht. Ich will da immer etwas schneller sein. Natürlich habe ich nicht jede Entscheidung im nächsten Moment gefällt, aber doch immer sehr zügig. Das hat dazu geführt, dass ich auch bezüglich des Verhaltens anderer leicht ungeduldig gewesen bin. Das haben sicher einige Mitarbeiter auch gemerkt. Wenn jemand in einem Vortrag zu irgendeinem Problem, das wir lösen mussten, anfing, weit auszuholen, bin ich ungeduldig geworden. In der

Regel war nach kurzer Zeit meine erste Bemerkung: »Hauptteil bitte!« Und meine Mitarbeiter wussten dann, dass sie sich kurzfassen und zur Sache kommen mussten.

Ich hätte wahrscheinlich, wenn ich alles noch einmal zur Entscheidung vorgelegt bekäme, weniger Zeit im Militär verbracht. Aber in dieser Zeit ist ja auch eine wichtige Erkenntnis bezüglich meiner Zukunft und meiner beruflichen Tätigkeit gereift, die ich vorher nicht so eindeutig hatte. Ich hätte dasselbe Studium gewählt, das ich gewählt habe. Ich hätte in einer neuen Entscheidungssituation auch dieselbe Frau geheiratet. Ich würde auch den Beitritt in die CDU mit ihrem Programm der Nachkriegszeit wiederholen. Wenn sich die CDU allerdings in dem Profil der Gegenwart darstellte, würde ich kein Mitglied mehr werden. Wenn es möglich wäre, hätte ich gerne mehr Zeit für die Familie zur Verfügung gehabt. Ob das praktisch oder realistisch wäre, kann ich nicht sagen. Ich habe schon versucht, trotz aller beruflichen Belastung immer Zeit für die Familie zu haben. Meine Frau hatte eine großartige Eigenschaft: Die Leitung einer Intensivstation ist ja nun nicht die leichteste Arbeit, was die psychische Belastung eines Menschen betrifft – doch in dem Augenblick, in dem sie die Haustür aufmachte und die Kinder sah, war sie ganz Mutter in der Familie und nicht mehr diensthabende Ärztin im Krankenhaus. Das war eine großartige Begabung, die ihr geschenkt war und die ich bewundert habe.

Ich hätte früher gerne mehr Zeit zum Lesen gehabt. Jetzt nutze ich viel Zeit zur Lektüre. Ich bin kein Mensch, der vom Fernsehkonsum lebt. Ich lebe von Lektüre, Schreiben und klassischer Musik. Dabei habe ich natürlich gemerkt, welche Defizite ich in Wissensgebieten habe, für die ich mich interessiere. Das ist vorrangig der Bereich Theologie und Kirche.

Ich habe dafür auch schon früher Interesse, aber leider keine Zeit gehabt. Nach wie vor fällt mir ein bewusster spiritueller Zugang schwer. Ich habe hin und wieder auch gewisse Schwierigkeiten im Gebet. Das sage ich meinem Herrgott dann auch. Manchmal leite ich das ein mit der Bemerkung: »Ich weiß gar nicht, warum ich Dir das sage, das weißt Du doch alles, und ich weiß auch, dass Du das weißt. Und wieso langweile ich Dich denn jetzt schon wieder mit dieser Bemerkung.« Ich muss immer wieder lernen, dass Gebet vor allem Hören und nicht immer und schon gar nicht in erster Linie Sprechen ist. Aber noch einmal kurz zurück zur Frage nach der Zeit in der Familie und der Übereinstimmung mit beruflicher Verantwortung. Dies ist ein ganz schwieriges Thema, weil man eigentlich immer sagen muss: Ja, hätte ich gerne gehabt, aber es ging doch nicht. Das ist übrigens auch ein großes pädagogisches Problem. In der Zeit, da man den Kindern viel Zuwendung geben muss, hat man die Zeit nicht, die notwendig wäre. Und in der Lebensphase, in der man die Zeit hat, hat man nur noch wenig Einfluss auf die Erziehung der Kinder, weil sie inzwischen selbst erwachsen sind. Diese Zeit darf man dann aber den Enkelkindern schenken, die die Zuwendung der Großeltern gerne annehmen.

Sie haben drei Töchter und fünf Enkel. Waren und sind Sie ein strenger Vater, ein strenger Großvater?

Unabhängig davon, dass das besser die Kinder und Enkelkinder beantworten sollten: Was verstehen Sie oder wir unter streng? Ich glaube, sagen zu können: Ich bin ein Mensch, der konsequent ist, und ich war auch in der Kindererziehung konsequent. Ich habe versucht, Grundtugenden zu vermitteln, und als Grundtugenden habe ich zum Beispiel immer Ehrlichkeit,

Anstand, die Achtung vor einem anderen Menschen, die Akzeptanz der menschlichen Würde, die Ehrfurcht vor dem Schöpfer sowie die Achtung vor der Natur betrachtet, was ich auch zu vermitteln versucht habe. Ich habe unseren Kindern auch beigebracht, dass die Aufgaben, die ihnen gestellt werden, von ihnen anzunehmen sind. Also Larifari oder Lässigkeit oder Vernachlässigung von Pflichten in der Schule, wenn sie mir bekannt geworden sind, habe ich gegenüber meinen Töchtern zur Sprache gebracht. Bei den Enkelkindern erlebt man das Aufwachsen eines Kindes in der Freiheit des Pensionsalters noch einmal ganz anders. Man hat eine sehr gelassene Form der Zuwendung zu den Enkelkindern, für die man ja auch letztendlich nicht die Verantwortung trägt. Da muss man aufpassen, dass man nicht versucht, den Eltern einen Teil ihrer Verantwortung abzunehmen. Meine Schwiegermutter hat einmal – ich erinnere mich sehr genau –, als zwei unserer Kinder schon auf der Welt und noch ziemlich klein waren, ihnen abends gerne Gummibärchen gegeben. Ich habe dann irgendwann mal zu meiner Schwiegermutter gesagt: »Abends, wenn die Kinder Zähne geputzt haben, gibt es keine Gummibärchen mehr.« Da kam ich eines Abends ins Kinderzimmer, eine Tochter war schon im Bett und hat versucht, sich unter der Bettdecke zu verstecken, weil sie noch Gummibärchen kaute. Ich habe das registriert, aber wortlos, und bin dann zu meiner Schwiegermutter gegangen und habe sie wie folgt kritisiert: »Ich glaube mich zu erinnern, dass ich dir meine Position in dieser Frage deutlich vermittelt habe.« Und die Schwiegermutter, die eine großartige, übrigens auch sehr fromme Frau war, hat lächelnd, aber bestimmt zu mir gesagt: »Erziehen sollst du sie, verwöhnen tu ich sie« (lacht). Damit war das Thema erledigt. Wie ich inzwischen selbst weiß, sind die Großeltern meistens etwas großzügiger als die Eltern, was wohl ziemlich normal ist. Zurück zu Ihrer Frage: Ich denke schon, dass ich ein verständnisvoller Vater war und jetzt Großvater bin. Ich lese zum Beispiel mit den Enkelkindern sehr gerne. Für die Enkelkinder, die noch nicht lesen können, gehören die Abendgeschichten vor dem Abendgebet, bevor sie ins Bett gehen, zur Selbstverständlichkeit, wenn ich mit ihnen zusammen bin. Das ist für sie wie ein Ritual. »Opa, noch eine Geschichte.« Und dann kommen sie schon mit einem Buch angelaufen. Solche Dinge zu vermitteln ist nicht unwichtig, weil sie auch eine Form der Zuwendung sind und bei den Enkeln zudem ein Interesse wecken, das später für sie von Vorteil sein kann.

Im Leben Ihrer Töchter und Enkel geht sicherlich auch nicht alles immer rund. Wie leben Sie die Balance aus Gerechtigkeit und Barmherzigkeit im Privaten?

Man denkt natürlich in den konkreten Situationen nicht jedes Mal darüber nach, ob man jetzt barmherzig oder gerecht sein muss. Ich habe grundsätzlich nie Gerechtigkeit gegen Barmherzigkeit ausgespielt. Ich habe immer versucht, zunächst einmal als Grundlage die Gerechtigkeit zu respektieren. Ich war nie in der Versuchung, ein Kind oder ein Enkelkind gegenüber dem anderen Geschwisterkind oder Enkelkind zu bevorzugen und damit andere zu benachteiligen, sondern habe mich bewusst immer bemüht, allen den Eindruck zu vermitteln, dass sie von derselben Zuwendungsgerechtigkeit ausgehen können wie ihre Geschwisterkinder oder wie alle anderen in der Familie. Ob einem das immer gelingt, ist eine andere Frage. Aber ich kann nicht sagen: So, heute bin ich, ich weiß gar nicht warum, gut gelaunt, und jetzt mache ich das und das und tue etwas, was ich gestern oder vorgestern einem Kind noch verboten oder was ich nicht gewollt und begründet habe, warum ich es nicht gewollt habe. Also: Erziehung nach Tagesform oder nach Laune ist immer schlecht. Ein nicht vorhandener Konsens mit dem Ehepartner, ausgetragen vor den Kindern, ist auch schlecht. Das hat es bei uns auch nicht gegeben. Natürlich hat es mal die eine oder andere konkrete Situation gegeben, wo der eine anderer Auffassung war als der andere. Das haben wir dann abends besprochen, wenn die Kinder im Bett waren. Aber das haben wir nicht vor den Kindern ausgetragen. Ich glaube, das ist ein erheblicher Unterschied. Insofern war eigentlich das unausgesprochene und nicht einstudierte Ausbalancieren zwischen Gerechtigkeit und Barmherzigkeit in der Erziehungspraxis vorhanden, sodass ich den Eindruck habe, in dem Bereich brauche ich kein schlechtes Gewissen zu haben oder mir Vorwürfe zu machen.

Gab es Momente, in denen Sie Ihre Frau oder Ihre Kinder um Vergebung gebeten haben?

Natürlich habe ich mich auch bei meiner Frau, auch bei meinen Kindern entschuldigt. Es gibt ja Entscheidungen, die man fällt, weil man beispielsweise keine vollständige Information hat oder weil ein Sachverhalt von einer Drittperson verzerrt dargestellt worden ist und man danach eine Entscheidung gefällt und damit einem Kind oder einem Enkelkind, auch aus dem Empfinden des Betroffenen, unrecht getan hat. Wenn mir das klar war, wenn mir das nachträglich bewusst gemacht worden ist, dann habe ich gesagt: Es tut mir leid, das habe ich nicht gewollt. Das war nicht meine Absicht, euch zu kränken oder euch falsch zu behandeln. Ich habe mich dann entschuldigt. Mit den verwendeten Begriffen Entschuldigung, Verzeihung und Vergebung habe ich übrigens gewisse Schwierigkeiten, jedenfalls im Zusammenhang mit ihrem leichtfertigen Gebrauch im Alltag. Ich definiere sie jedenfalls unterschiedlich. Ich kann nicht vergeben, aber ich kann verzeihen und ich kann um Entschuldigung bitten. Vergeben kann letztendlich nur der Herrgott einem Menschen, jedenfalls nach meinem Verständnis. Vergebung ist eine göttliche Eigenschaft. Aber das Fazit zu Ihrer Ausgangsfrage: Es war für mich nie ein Problem, für eine vorher falsch getroffene Entscheidung oder Bewertung eines Sachverhaltes meine Frau, meine Kinder oder Enkelkinder um Entschuldigung zu bitten.

Der wichtigste Mensch in Ihrem Leben?

Eindeutig meine Frau. Ohne irgendeine Konkurrenz. Wissen Sie, wenn Sie mit einem Menschen alles liebevoll besprechen können, wenn Sie den Eindruck der Fürsorge, der Liebe von einem Menschen haben, dann ist das ein Schatz, den Sie nicht hoch genug bewerten können. Ich hätte viele Stationen meines Lebens überhaupt nicht bewältigen können ohne meine Frau. Wir haben ein uneingeschränktes Vertrauen von Anfang an zueinander und gegenseitig gehabt in guten wie in schlechten Tagen. Das hat sich bis heute nicht geändert. Und um dieses gegenseitige Verständnis auch für den Beruf – wir haben ja darüber gesprochen –, also diese ehrliche Partnerschaft, das Bemühen, auch dem anderen eine Last abzunehmen dort, wo es wirklich nötig ist und wo es geht, darum haben wir uns immer bemüht.

Ich weiß zum Beispiel noch, dass ich meine Frau einmal gefragt habe, als ich noch im Europäischen Parlament war und wo es dann hin und wieder Perioden längerer Abwesenheit gab, wenn ich längere Zeit irgendwo in Ländern Lateinamerikas war, ob ich ihr das eigentlich zumuten könne. Und sie stand lächelnd vor mir und sagte: »Na, selbstverständlich. Weg ist weg.« Ich habe sie dann gefragt: »Ja, wie meinst du das denn jetzt?« Und sie hat geantwortet: »Ob du abends bei einer Wahlveranstaltung im Nebenort bist oder ob du abends in Argentinien bist, ist eigentlich gleich: Weg ist weg«, womit sie natürlich grundsätzlich recht hatte. Sie konnte eine solche Aussage in voller Überzeugung nach der Devise machen: Ich weiß doch, wo du bist, ich weiß, was du tust, und ich weiß, dass ich dir in allem, was in deinem persönlichen Bereich abläuft, vertrauen kann. Mit dieser Sicherheit kann man auch fern von seiner Familie mit ruhigem Gewissen arbeiten.

Von wem haben Sie am meisten gelernt?

Ich habe von vielen Menschen gelernt, auch Unterschiedliches. Ich habe nie den Eindruck gehabt, dass es nur ein Lernfeld gibt, auf das ich mich konzentrieren sollte, weil es das wichtigste ist. Ich habe von Lehrern gelernt, von Hochschulprofessoren, von Priestern, von jungen und älteren Menschen. Es gibt eine Reihe von Menschen, denen ich sehr dankbar bin: Fleiß, Ehrgeiz, Zusammenleben mit anderen, Erziehungs- und Bildungsinhalte sind Lernprozesse, die sich mit anderen Menschen abspielen. Die persönliche Entwicklung des Menschen ist nicht nur von ihm selbst, sondern auch vom Umgang mit Mitmenschen abhängig. Deshalb sollten solche Beziehungen nicht dem Zufall oder Nachlässigkeiten überlassen bleiben.

Was war das Wichtigste, das Sie gelernt haben?

Diese Grundeinsicht: Was ist der Mensch, wem verdankt er sein Leben und welche Pflichten entstehen daraus. Was bedeutet die Taufe für mich, wie beantworte ich die Liebe Gottes, die er mir geschenkt hat und die ich anderen zu schenken verpflichtet bin. Wie erfülle ich den missionarischen Auftrag, der auch an mich ergangen ist. Und wie widerstehe ich dem Zeitgeist, wenn er der von Jesus Christus verkündeten Wahrheit nicht entspricht. Nach diesen Grundeinsichten zu leben, hat sich im Laufe der Jahre bei mir gefestigt. Danach zu handeln, ist bis zum heutigen Tag schwer genug und ganz sicher nicht immer zufriedenstellend gewesen, aber ich habe mich immer darum bemüht.

Wenn man sagen würde, dass man auch viel kämpfen muss im Leben, würden Sie nicht widersprechen?

Da widerspreche ich überhaupt nicht. Es wird einem nicht alles geschenkt. Natürlich muss man kämpfen. Mein Leben ist oft ein Kampf gewesen, es ist ein konsequentes Einsetzen für Ziele gewesen, die ich mir auch selbst gesetzt habe, die nicht immer von anderen bestimmt waren. Man kann nicht alles akzeptieren, was andere wollen oder tun oder lassen. Ich habe vor längerer Zeit Folgendes erlebt. Ich war bei einem Geburtstag in einer katholischen Nachbarschaft mit etwa fünfzehn Teilnehmern eingeladen. Plötzlich erzählte eine Frau in dieser Runde von einer Mutter, die ein behindertes Kind zur Welt gebracht hatte. Der Sprachduktus dieser Frau war: Das kann ich überhaupt nicht verstehen und das muss doch heute nicht mehr sein. Es gibt doch andere Möglichkeiten und sie hätte das Kind doch gar nicht zur Welt bringen müssen, insofern braucht sie jetzt auch gar nicht zu klagen, ist sie doch selbst schuld. Ich habe in der Situation zunächst einmal abgewartet, ob irgendeiner darauf reagiert, was keiner getan hat.

Weil sich keiner zu Wort gemeldet hat, habe ich meine Position dargestellt, in Ruhe, aber auch in aller Klarheit: »Mit welcher Berechtigung kann man als Mensch eigentlich sagen, dass ein behindertes Kind heute nicht mehr in die Welt passt und deshalb nicht angenommen werden sollte?« Ich habe die Möglichkeiten geschildert, wie Menschen durch ein behindertes Kind auch selbst zu verändertem, positivem Verhalten kommen können, und ein Beispiel von einem jungen Ehepaar erzählt, das in der Nachbarschaft gewohnt hat und jahrelang unglaublich stur gewesen ist: Ein Gruß wurde nicht erwidert, Gespräche kamen nicht zustande, aus welchen Gründen auch immer. Und von heute auf morgen hat sich dieses Verhalten positiv verändert, nachdem dieses Ehepaar ein Kind mit dem Down-Syndrom bekommen hatte. Das habe ich in Ruhe vorgetragen. Es folgte ein beredtes Schweigen, es gab jedoch keine Entgegnung auf diesen Beitrag. In den nächsten Tagen bekam ich fünf oder sechs dankbare Anrufe und E-Mails: »Das war ja mutig von Ihnen. Ich hätte das nicht gekonnt, aber vielen Dank. Ich sehe das genauso.« Da sehen Sie, was man bewirken kann.

Es gab in früheren Zeiten Elisabeth Noelle-Neumann, die Gründerin des Instituts für Demoskopie in Allensbach. Noelle-Neumann hat einmal von einem sogenannten Eisenbahn-Effekt oder Abteil-Effekt in der Eisenbahn gesprochen, bekannt geworden unter dem Begriff der Schweigespirale. Was hat sie damit gemeint? Sie schilderte eine Situation in einem Zug, der damals Abteile mit sechs Sitzplätzen hatte, drei und drei gegenüberliegend: Ein Fahrgast liest Zeitung von den sechsen, die in diesem Abteil sitzen. Einer, der danebensitzt, sieht irgendeine Überschrift in der Zeitung und sagt laut vor sich hin: »Ja, dieser Meinung bin ich auch.« Die zwei, der Leser und der Kommentator, verstehen sich. Sie sind der gleichen Meinung. Und wie reagieren die anderen vier? Sie sind ruhig. Warum sind sie ruhig? Weil sie denken: Ja, wenn schon zwei von sechs dieser Meinung sind, dann will ich mich mit meiner anderen Meinung lieber zurückhalten, denn dann bin ich ja wohl in der Minderheit. Diese sogenannte »Schweigespirale« ist weitverbreitet in unserer Gesellschaft. Aber diese beschriebene Minderheit ist noch lange keine tatsächliche, sondern nur eine schweigende Minderheit. Deshalb waren Stimmungen und Meinungen für mich nie maßgebend. Wenn ich anderer Meinung war, dann habe ich sie geäußert, auch wenn das nicht immer von Vorteil für mich war. Und das tue ich auch heute noch.

Was ist Ihr Lieblingsbibelvers, Ihr Lieblingsgleichnis?

Mein Lieblingsbibelvers ist ganz unbestritten Matthäus 5,37. Dieser Vers handelt vom Schwören. »So sei euer Wort: Euer Ja sei ein Ja, euer Nein sei ein Nein; alles andere stammt vom Bösen.« Dieses Wort von Matthäus gilt auch für mich: Wenn ich eine Position hatte und dachte, du bist auch berechtigt, sie zu äußern, dann habe ich sie auch geäußert. Also dieser Bibelvers hatte für mich immer eine große Bedeutung. Es gibt ein anderes Wort von Matthäus zum Schluss der Rede von Jesus Christus über die Endzeit. Und es ist eigentlich korrespondierend zu dem Bibelvers, den ich gerade zitiert habe. Dieser Vers lautet (Matthäus 24,11–13): »Viele falsche Propheten werden auftreten und sie werden viele irreführen. Und weil die Missachtung von Gottes Gesetz überhandnimmt, wird die Liebe bei vielen erkalten. Wer jedoch bis zum Ende standhaft bleibt, der wird gerettet.« Ich lebe von dieser Hoffnung, ich glaube daran. Wir haben eine Zusage der Rettung und eines besseren himmlischen Lebens bekommen. Und daran glaube ich und darauf vertraue ich.

Wenn Sie mich nach dem Lieblingsgleichnis fragen: Das ist das vom Sämann – übrigens auch Matthäus. Der Sämann, der ausging zu säen, und als er säte, fiel einiges auf den Weg und Vögel kamen; dann kam der steinige Grund, der in diesem Gleichnis erwähnt wird, dann kamen die Dornen, dann kam das gute Erdreich, und dann kam die sechzigfache, hundertfache, hundertdreißigfache Belohnung. Also: Der Sämann ist ganz eindeutig Gott selbst, die Samen sind wir. Wir sind also diejenigen, die den ausgesäten Samen als Geschenk bekommen, und es liegt an uns, was wir daraus machen. Die Vögel können die Menschen sein, die uns zu beeinflussen suchen und alles auffressen, was wir positiv im Sinne des Schöpfers zu verarbeiten anfangen; die Dornen, die vieles ersticken, sind sicher ein Hinweis darauf, wie vieles man dann glaubt, wieder verdrängen zu können: dass man keine Zeit hat, dass man mal Ansätze macht, aber plötzlich wird alles überwuchert, aus welchen Gründen auch immer, weil man nicht konsequent genug bereit ist, diesen Samen auch aufgehen zu lassen. Und den steinigen Boden, den brauchen wir nicht weiter zu erläutern: Trotz der gut gemeinten Absicht des Sämanns, also Gottes, sind wir nicht bereit, seine Weisheit zu berücksichtigen. Deshalb denke ich schon, dass es nicht ganz unwichtig ist, bereit zu sein, auch gutes Erdreich zu werden, zu hören, zu empfangen, auch dankbar dafür zu sein, dass man es geschenkt bekommt. Von der Taufe an sind wir Glieder Christi. Deshalb lasse ich ungern die Vögel und die Dornen an mich heran.

Und ich bestehe nicht darauf, dass ich hundertfach belohnt werde, mit dreißigfach nach diesem Gleichnis bin ich schon zufrieden. Aber ich versuche, diesem Gleichnis und dem, was mit ihm gemeint ist, gerecht zu werden. Und ich glaube an meine Auferstehung, weil sie eine Zusage Gottes ist. Ich glaube, wie Gerhard Lohfink sagt, an meine »Auferstehung im Tod«. Und das finde ich ganz spannend.

Vielen Dank für das Gespräch.

Lebenslauf

I. Persönliche Daten

Familienname:	Münch
Vorname:	Werner
Titel:	Magister Artium (M.A.), Dr. phil., Professor
Familienstand:	verheiratet seit 1968 mit Dr. med. Mechthild Münch, drei Töchter

Ausbildung:
1961	Abitur in Salzgitter, mit Auszeichnung
1961–1970	Soldat (entlassen als Hauptmann; durch Wehrübungen weiterbefördert, zuletzt als Oberstleutnant der Reserve)
1966–1970	Studium der Politikwissenschaften, Geschichte und Soziologie, Universität Freiburg
1967–1970	Stipendiat der Konrad-Adenauer-Stiftung
1970	Magister-Examen, mit Auszeichnung
1974	Promotion zum Dr. phil. mit »magna cum laude«
1976	Ernennung zum Professor

Beruf:
1970–1972	Wissenschaftlicher Assistent, Pädagogische Hochschule Osnabrück
1972–1994	Hochschullehrer für Politikwissenschaften an der Kath. Fachhochschule Norddeutschland in Vechta und Osnabrück (1984 beurlaubt, 1994 Versetzung in den Ruhestand), fünf Jahre Rektor, vier Jahre Präsident aller kirchlichen Hochschulen in Deutschland
1984–1990	Mitglied des Europäischen Parlaments
1990–1991	Minister der Finanzen, Sachsen-Anhalt

1991–1993	Ministerpräsident, Sachsen-Anhalt
1994–1998	Selbstständiger Personal- und Unternehmensberater
1998–2001	Beauftragter der Deutschen Bahn (European Director mit Prokura) bei der Europäischen Union (EU), Brüssel
2001–2003	Berater des Wirtschaftsministers, danach des Ministers der Finanzen der Regierung Bulgariens für den EU-Beitritt, Sofia
2003–2011	Personal- und Unternehmensberater (management consulting), Bulgarien
2005–2010	Tätigkeiten für eine Stiftung zur Demokratie-Entwicklung in Aserbaidschan, Baku

II. Verschiedenes:

- Mitglied im Kuratorium »Forum Deutscher Katholiken«
- Schirmherr des Kongresses »Freude am Glauben« des »Forums Deutscher Katholiken«
- Mitglied im Kuratorium der »Gesellschaft zur Förderung christlicher Verantwortung e. V.«
- Mitglied der »Joseph-Höffner-Gesellschaft« (vier Jahre im Vorstand)
- Verfasser von Essays und Kommentaren in Zeitungen und Zeitschriften (besonders in der »Tagespost« und im »Fels«)
- Wochenkommentare im Rundfunk (»Radio Horeb«)
- Vorträge und Interviews bei »KIRCHE IN NOT«, EWTN und K-TV
- Vorträge im In- und Ausland (Schweiz, Österreich, Südtirol, Polen)
- Zahlreiche Publikationen zu Themen aus Politik, Kirche und Gesellschaft
- Zuletzt erschienenes Buch: »Freiheit ohne Gott. Kirche und Politik in der Verantwortung«, Media Maria Verlag, Illertissen 2017 (2. Auflage)

Foto: © Justyna Galant

Dr. Stefan Meetschen, geboren 1969 in Duisburg, Kulturwissenschaftler. Er ist Feuilleton-Redakteur bei der katholischen Zeitung »Die Tagespost« und regelmäßiger Kolumnist im »Vatican Magazin« (Literatur mit Geist und Seele). Zahlreiche Interviews mit Vertretern aus Politik und Gesellschaft, Kirche und Kultur. Vorträge und Moderationen im In- und Ausland. Im Jahr 2015 erschien im fe-Medienverlag seine Fritz-Gerlich-Biografie »Ein gerader Weg«.

Werner Münch

Freiheit ohne Gott

Kirche und Politik in der Verantwortung

Was treibt die Menschen heute um? Sie haben Gott weitgehend aus ihrem Leben verdrängt und suchen die totale Freiheit für ihr persönliches Glück. Aber sie staunen, dass das nicht gelingt. Wie sollte es denn auch, wenn die Politik und die Rechtsetzung die Zerstörung der Ehen und Familien, den Gender-Wahnsinn, die »sexuelle Vielfalt«, die Missachtung des Lebensschutzes sowie die Manipulation der Natur des Menschen fördern.

Und unsere Kirche beschleunigt mit ihrer Anpassung an die Lebenswirklichkeit und den Zeitgeist ihren eigenen Niedergang und negiert gleichzeitig die Gottes- und Glaubenskrise.

Dieses Buch bietet eine schonungslose Analyse der Gegenwart und plädiert für eine neue Verantwortung von Politik und Kirche sowie den missionarischen Einsatz der »kleinen Herde«, die der Kirche und der Gesellschaft wieder neue Hoffnung geben kann.

Geb., 176 Seiten
€ 16,95 (D), € 17,40 (A)
ISBN 978-3-9454013-8-5